Helmut Schleich · Zugespitzt

Helmut Schleich
Zugespitzt
Alles eine Frage der Perspektive

Mit einem Vorwort
von **Martin Frank**

LANGEN MÜLLER

2. Auflage 2025

© 2024 Langen Müller Verlag GmbH, Thomas-Wimmer-Ring 11, 80539 München, info@langenmueller.de
Alle Rechte vorbehalten.
Wir behalten uns auch die Nutzung von uns veröffentlichter Werke für Text und Data Mining im Sinne von §44b UrhG ausdrücklich vor.
Alle Rechte vorbehalten
Umschlaggestaltung: Wolfgang Heinzel
Umschlagfoto: Susie Knoll
Innenlayout: Sibylle Schug, München
Satz: VerlagsService Dietmar Schmitz, Erding
Druck und Binden: Friedrich Pustet GmbH & Co. KG, Regensburg
Printed in Germany
ISBN: 978-3-7844-3727-9
www.langenmueller.de

INHALT

11 Vorwort von Martin Frank

14 2017
16 Stoibers Stern
18 Pfandsammler
20 40 Jahre Benjamin Blümchen
22 Wolf
24 Kevin Spacey
26 EU-Finanzminister
28 Jahresrückblick

30 2018
32 #NoGroKo
34 Arbeiten im Stehen
36 Faschingsendspurt
38 Man lernt nie aus
40 Jugendwahn
42 Hartz IV
44 Welt-Tuba-Tag
46 Billiger Wohnraum
48 Qualifikationen
50 9. November
52 Ur-Kilo

54	Kindergarten-Polizei
56	Debattenkultur
58	Kohle-Ende

60 2019

62	Bienenhighways
64	Fridays For Future
66	Neue Arten
68	Franziskus und die Bescheidenheit
70	Was ist gesund?
72	Einschlafen mit Ikea
74	Bayernkurier am Ende
76	Europa ist weg
78	Habeck in Oberbayern
80	Von der Leyen
82	Alles- oder Nichts-Tag
84	Seehofer-Tennis
86	Flughafen-ICE
88	Messer-Hubert
90	Siegerpose
92	Männervereine
94	Grüne Nummern

96 2020

98	Bratwurst for Future
100	Pelzverbot
102	Zölibat
104	Fußball-Kultur
106	Selbstberührung

	108	Lachen in Corona-Zeiten
	110	Kunst und Kultur
	112	Gesund bleiben
	114	Pop-up
	116	Formel 1
	118	Herrenchiemsee
	120	Wer hat was gesagt?
	122	Schaum-Forschung
	124	Alle Religionen in einer Klasse
	126	EU-Ratspräsidentschaft

128 2021

- 130 Katholische Baustellen
- 132 Der Wald
- 134 90 Jahre Gorbi
- 136 Domspatz*innen
- 138 Hunde-Boom
- 140 Baerbock und das Abschreiben
- 142 Einwohner-Rekord
- 144 Hoeneß und die Veganer
- 146 Allerheiligen
- 148 Geräusche und Gerüche
- 150 Bayern schwach

152 2022

- 154 Weltuntergangsuhr
- 156 Bundespräsident
- 158 Sahara-Staub
- 160 Offene Briefe

162	Passionsspiele Oberammergau
164	Brückentage
166	Hitzewelle
168	Glühwein-Heizung
170	Das Riesenschiff
172	Klima-Kirche
174	Medikamente knapp

176 2023

178	Söder isst
180	Präkrastinieren
182	Cannabis
184	Schrumpf-Bundestag
186	Bär
188	Habeck und die Qualverwandtschaften
190	Spargel
192	160 Jahre SPD
194	Kreative KI
196	Das gestohlene Papst-Kreuz
198	Razzia in Köln
200	Tour de France
202	Kinder-Geld
204	Anthropozän
206	Wahlmodalitäten
208	Zeitumstellung
210	Bahn-Gespräche
212	Der neue alte Atari
214	Neues Schulfach
216	Frau Tandler

218 2024

- 220 Textwalken
- 222 Soldaten ohne deutschen Pass
- 224 Scheuer geht
- 226 Südhochdeutsch
- 228 Aktienrente
- 230 Kretschmann und das Kreuz
- 232 Politischer Sport
- 234 Schäubles Erinnerungen posthum
- 236 Bayerische Militärforschung
- 238 Deutsche Faulheit
- 240 Wehrpflicht
- 242 Wahl-o-mat
- 244 Sonnencreme-Spender
- 246 McDonald's KI
- 248 Siebenschläfer
- 250 Markus, der Influencer
- 252 Staatsgeschenke

VORWORT

Einen schönen guten Tag! Oder Abend. Je nachdem zu welcher Uhrzeit Sie sich gerade dazu entscheiden, sich dieser Schleich'schen Kolumnensammlung zu widmen. Hier schreibt Martin Frank, und der hochgeschätzte Helmut Schleich bat mich, sein Vorwort zu übernehmen. Dabei beendete er seine Bitte mit den Worten: »Dein Vorwort soll natürlich Lust auf den Rest machen und 500 Wörter nicht überschreiten!« Da ist er schon wieder, dieser Leistungsdruck. Etwas, mit dem ich als *Millennial* gar nicht umgehen kann.

Gerade als ich nach meiner üppigen Entlohnung fragen wollte, geriet Helmut Schleich in ein Funkloch. Vermutlich fuhr er gerade in eine Tiefgarage oder befand sich auf einer deutschen Bundesstraße. Typisch *Boomer*! Über Geld spricht man nicht.

Aber auch ohne Honorierung schwillt natürlich meine dünnbehaarte Hühnerbrust, dass ich für Deutschlands facettenreichsten Kabarettisten ein Vorwort verfassen darf. Auch wenn mir die Frage nicht bei einem romantischen Candle-Light-Dinner in einem Chalet am Tegernsee gestellt wurde, sondern mich lediglich eine nüchterne SMS erreicht hat. Ja, Sie haben richtig gelesen. Helmut Schleich kommuniziert auch heute noch mit Hilfe eines Telekommunikationsrelikts aus den 90ern. Es ist wohl das Los eines kritischen Geistes, sich den neuen Medien zu verweigern. Aber sind wir uns ehrlich, ihm bleibt auch vieles erspart. Ich denke nur an zwölfminütige Sprachnachrichten, von denen lediglich 30 Sekunden mit Inhalt gefüllt sind oder

der tsunamiartigen Flut an Feiertag-Memes, deren grauenhafte grafische Aufarbeitung mein Großhirn regelmäßig an einem epileptischen Anfall vorbeischrammen lässt.

Aber zurück zum Thema. Falls Sie sich jetzt fragen, warum Sie für dieses Stück Belletristik Geld ausgeben sollten, wenn Sie doch bereits ein hochpreisiges Abo einer Tageszeitung besitzen und hier jede Woche die neuesten Kolumnen zum Thema »Männergesundheit«, »Sex im Alter« oder »Gendergerechtes Fluchen für Kleinkinder« lesen können?! Nun ja, es lohnt sich.

Gutes Handwerk kostet, und hier versteht jemand sein Handwerk ganz ausgezeichnet. Aber ist ja auch kein Wunder. Helmut Schleich schreibt seit seiner Pubertät satirische Texte und hat zwischendurch auch nichts Gescheites gelernt. Wahrscheinlich hockte er bereits als 4-Jähriger auf einem Bordstein im malerischen Schongau, bewaffnet mit Löschpapier und Wachsmalstift und verfasste seine ersten lyrischen Phrasen, während ich im selben Alter auf unserem Bauernhof die toten Hühner sezierte, um meiner Oma den Tod durch Marderbiss mitteilen zu können. Mit Lyrik hatte das wenig zu tun. Mehr mit Verhaltensauffälligkeit.

Außerdem tut dieses Buch gut. Denn es enthält eine geballte Portion an Meinungen. Erst mit einer Meinung wird ein Mensch greifbar und interessant. Eine Meinung sollte allerdings gut gereift sein. Deshalb erlauben Sie mir Ihnen zum Abschluss die »Meinungsbildung in drei Akten« meines Papas vorzustellen: Mein Papa liest morgens beim Frühstück immer die Zeitung von vorne nach hinten. Tagsüber reifen seine Gedanken zum Gelesenen. Abends liest er die Zeitung ein zweites Mal. Diesmal aber von hinten nach vorn, um die Geschehnisse nochmal von einer anderen Seite beleuchten und sich anschließend eine differenzierte und wohlüberlegte Meinung bilden zu können.

Da ich meine 500 Wörter bereits vollumfänglich ausgereizt habe, verzichte ich in meinem Schlussplädoyer auf Subjekt und Prädikat und beschränke mich auf catchy Adjektive:

witzig spitzzüngig gesellschaftskritisch genussvoll politisch lesenswert ehrlich albern pointiert erhellend böse wertvoll schleichend

Martin Frank, im August 2024

2017

Am 13. Mai feierte Kaiserin Maria Theresia von Österreich ihren 300. Geburtstag. Gut, sie ist auch schon 237 Jahre lang tot, aber sie hinterließ beachtliche Spuren und 16 Kinder.

Das wird man weder von Donald Trump behaupten können, der im Januar als US-Präsident ins Amt kam noch von Frank-Walter Steinmeier, der 2017 zum 12. deutschen Bundespräsidenten gewählt wurde und sein Amt damit zeitgleich mit dem Waldkauz als Vogel des Jahres antrat.

Helmut Kohl hinwiederum trat am 16. Juni von allen irdischen Ämtern zurück, dafür begann der steile Aufstieg eines gewissen Martin Schulz als SPD-Kanzlerkandidat, in der Selbstsicht ein »glühender Europäer«, der bei der Bundestagswahl im Löschwasser des eigenen Strohfeuers endete.

Die Elbphilharmonie in Hamburg wurde tatsächlich fertig, am 20. August starb der US-Komiker Jerry Lewis und die Air Berlin stellte unter der Schirmherrschaft von Hartmut Mehdorn ihren Flugbetrieb ein. Immerhin das hat er bei der deutschen Bahn nicht geschafft.

Was sonst noch war lesen Sie auf den folgenden Seiten.

24.02.2017

STOIBERS STERN

Waren Sie schon einmal in Hollywood? Nein? Brauchen Sie im Grunde genommen auch nicht. Weil es ja alles, was auf dieser Welt besonders super ist, sowieso auch bei uns in Bayern gibt.

Den Walk of Fame zum Beispiel. Das haben wir diese Woche gelernt. In Wolfratshausen gibt es einen Loisachtaler Walk of Fame. Gut, der hat jetzt nicht 2500 Sterne wie das Original in Hollywood, sondern nur zwei. Aber im Herbst kommt ein dritter dazu und dann wird das ein Touristenmagnet erster Kajüte, davon darf man ausgehen.

Weil diesen Stern schließlich kein Geringerer bekommt als der Rüdiger Rudi, besser bekannt als Edmund Rüdiger Rudi Stoiber.

Man muss sagen, die Entscheidung war zwangsläufig. Den ersten Stern hat schließlich der Kinderchor unter japanischer Leitung inne und den zweiten eine Künstlerin, die mit der längsten Filzschnur der Welt Wolfratshausen einen Eintrag ins Guiness-Buch der Rekorde gebracht hat.

Da darf ein Vollblutpolitiker, der in grenzenloser Genialität eine marode Balkanbank unter bayerische Leitung und damit den ganzen Staatshaushalt ins Wanken gebracht hat, nicht fehlen.

Zumal er die politischen Filzschnüre der Ära Strauß in Bayern gekappt und eine fast russische Zonenwachtel namens Merkel legendär in Wolfratshausen abgefrühstückt hat.

Insofern schaut's auf den ersten Blick fast schon nach einem Skandal aus, dass der Stoiber-Stern nicht glamourös auf einer prächtigen Flaniermeile liegt, sondern etwas schäbig am Parkplatz vor der Loisachhalle.

Aber letztendlich hebt das doch die Bedeutung der Auszeichnung noch mal, ein Parkplatz!

Das bedeutet doch nichts anderes, als dass sie diesen Stern mit dem Auto »vom Hauptbahnhof in München aus locker in zehn Minuten erreichen können.

Sie parken auf dem Platz und steigen praktisch direkt in den Stern ein, weil das ja klar ist, weil ja durch den Stern der Himmel näher an den Parkplatz heranrückt …

Schauen Sie sich mal die großen Parkplätze an, wenn Sie in Heathrow in London oder sonst wo, … äh, Charles de Gaulle in Frankreich oder in … in … in Rom. Dann brauchen sie da locker zehn Minuten, bis sie einen Parkplatz finden, obwohl da gar kein Stern von mir liegt …«

Gut, man könnte jetzt noch einwenden, der Goppel hat eine Stiftung, Strauß hat einen Flughafen und was hat der Stoiber? Einen Blechstern.

Aber er soll sich nicht grämen oder gar traurig sein, dass er mit seinem Parkplatz-Sternderl keine Straußschen Dimensionen erreicht.

Ein Vorteil ist nämlich unumstößlich – im wahrsten Sinne des Wortes:

Ein Stern, der am Boden liegt kann nicht mehr sinken!

Eben alles eine Frage der Perspektive.

02.06.2017

PFANDSAMMLER

Die Kriminalität ist auf dem Vormarsch. Gewalt und Verbrechen sind an der Tagesordnung.

Drum bin ich ja so froh, dass unsere Sicherheitsbehörden so gut auf uns aufpassen.

Gut, jeden Terroranschlag können sie jetzt nicht verhindern. Und einen unbescholtenen Menschen wie Anis Amri, der sich unter 14 verschiedenen Identitäten angemeldet hatte, bevor er in Berlin auf dem Weihnachtsmarkt zwölf Menschen umgebracht und zig weitere verletzt hat, den kann die Staatsanwaltschaft auch nicht einfach beobachten lassen, nur weil ausländische Geheimdienste vor ihm warnen.

Aber dort, wo das Verbrechen entsteht, ganz unten, da steht der Staat Gewehr bei Fuß!

Da hat sich doch in München das unfassbare Verbrechen zugetragen, dass ein Rentnerpärchen 18 Pfandflaschen im Wert von 1,44 Euro aus einem Glascontainer gefischt hat.

Der Schock saß tief. Ein lähmendes Entsetzen legte sich über die Isarmetropole und es wäre wohl auch bis heute nicht gewichen, wenn die Staatsanwaltschaft München in diesem unfassbaren Fall von Aneignung fremden Eigentums nicht beherzt durchgegriffen und Anklage erhoben hätte.

Der Betrag sei zwar sehr gering, gibt man offen zu, aber da es sehr häufig zu Diebstählen aus öffentlich aufgestellten Containern kommt, besteht ein Interesse der Containerbetreiber an Aufklärung.

Aha. So ist das also.

Wenn Leute Pfandflaschen aus Glascontainern fischen, die sonst eingeschmolzen würden, dann ist das Diebstahl. Sag einmal, geht's noch??

Wenn das so ist, dann bin ich dafür, dass staatsanwaltschaftliches Korinthenkacken auch unter Strafe gestellt wird.

Zum Beispiel als Verrichten geistiger Notdurft in der Öffentlichkeit.

Anstatt sich für einen Staat zu schämen, der es mit neoliberaler Agendapolitik geschafft hat, dass sich solche traurigen Formen sozialer Grundsicherung herausgebildet haben, spielt man da auch noch Sheriff Gnadenlos oder wie?

Zum Glück haben vernünftige Richter das Verfahren eingestellt, aber vermutlich nur bis zum nächsten Fall.

Manchmal brauchts echt einen guten Humor!

Besonders wenn ich mir noch vor Augen führe, wer den Stein ins Rollen gebracht hat.

Anwohner.

»Anwohner haben die Sammler beobachtet und die 110 gewählt.«

Ich muss sagen, bei mir verursacht schon das Wort latenten Brechreiz.

Der Anwohner als solcher ist kein Bürger im herkömmlichen Sinn. Das ist das kleine Arschloch von nebenan.

Der mit dem Blockwart-Blick durch die Gardine und der Standleitung ins Polizeipräsidium.

Im konkreten Fall sehe ich ihn vor mir, den klassischen Alt-Münchner Vorstadt-Fascho, den sein eigenes Leben ankotzt und der sich deshalb bevorzugt darin ergeht, anderen Knüppel zwischen die Beine zu werfen.

Wenn Sie jetzt denken, hä? Diese Spezies ist doch längst ausgestorben:

Der Fascho stirbt nicht aus, er zieht sich nur ab und zu um.

Eben alles eine Frage der Perspektive.

07.07.2017

40 JAHRE BENJAMIN BLÜMCHEN

Töröööö!

Entschuldigung, das hat's jetzt gebraucht. Ich meine, schließlich feiern wir in dieser Woche den 40. Geburtstag vom Benjamin Blümchen.

Vierzig Jahre Törööööö!

Das heißt, es gibt heute bereits Rentner, die ihre Kinder auf dem Weg in den Urlaub schon mit Benjamin Blümchen ruhiggestellt haben. Damals noch auf Kassette.

Bis zum Brenner war die schon viermal durchgelaufen und am Strand in Rimini hast du's zwei Wochen lang nicht mehr aus dem Ohr gebracht: »Benjamin, der kleine Elefant«.

Und dann die ganze Welt um den Benjamin Blümchen herum: Otto, sein menschlicher Freund, Theodor Tierlieb, Karla Kolumna, die aufgeregte Reporterin von der Presse.

Gestalten, die alle Probleme, die entstehen, mit Bravour lösen. Wo Benjamin aufkreuzt, da gibt's bald keinen Kummer mehr und keine Sorgen, da ist die heile Welt.

Nun werden Kinder natürlich schnell größer und dann merken sie, die Welt ist viel komplizierter als das Benjamin-Blümchen-Paradies. Wenn du in der vierten Klasse für deinen Übertritt ins Gymnasium kämpfen sollst, weil man in Bayern immer noch der unumstößlichen Meinung ist, dass man bei 10-Jährigen am klarsten entscheiden kann, wohin die schulische Karriere geht, dann kommt kein Benjamin Blümchen ins Klassenzimmer und trötet dir mit seinem Rüssel den Mathe-Dreier aus dem Zeugnis.

Nein, da musst du schon allein damit fertig werden, dass du als Looser angeschaut wirst, weil du nicht auf das blöde Gymnasium darfst.

Deswegen hören die Kinder ja heute auch gar keinen Benjamin Blümchen mehr, die machen gleich Computerspiele.

Aber ich fürchte, bei diesen Generationen von Erwachsenen, die den Benjamin von ihren Kindern ins Innenohr gepflanzt bekommen haben, da hat der womöglich Spuren hinterlassen.

Ein Wesen, das mit allen reden kann, das heiße Luft aus dem Rüssel bläst und damit Probleme beseitigt, dem die Presse hinterherläuft und jeden Schritt des Trampeltiers in eine Erfolgsmeldung verwandelt, das haben wir auch. Gut, es ist kein Elefant, sondern eine Watschel-Ente, die auf den Namen Merkel hört, aber sie fühlt sich an wie eine Märchentante, die uns hilft, Probleme auszublenden und die heile Welt zu spüren.

Die Infantilisierung der Gesellschaft schreitet voran. Wir werden immer blöder und merken's nicht.

So gesehen wäre das doch eigentlich ein schöner Wahlkampfslogan für die Union, grade wenn man die fehlende Substanz im Wahlprogramm beklagt.

Nicht: Für ein Deutschland in dem wir gerne und gut leben«, sondern einfach nur Törööööö!

Eben alles eine Frage der Perspektive.

12.10.2017

WOLF

Wenn Sie sehen wollen, wie gute Lobby-Arbeit funktioniert, dann empfehle ich Ihnen: Schauen Sie sich die Diskussion um den Wolf in Bayern an.

Eine blutrünstige Bestie, vor der wir uns schützen müssen und gegen die nur der Abschuss durch unsere Jäger wirklich hilft.

Jetzt ist die Zahl von Wolfsattacken auf Menschen in Bayern mit 1 in den letzten 40 Jahren durchaus überschaubar und verglichen mit der Zahl der Verkehrstoten im gleichen Zeitraum, die weit über 10 000 liegt, statistisch kaum messbar, aber das kann man auch nicht vergleichen.

Schließlich hat das Auto in Bayern seine Heimat, der Wolf nicht.

Die hat er hier vielleicht einmal gehabt, aber das ist Jahrhunderte her und jetzt hat er eben Pech gehabt.

Außerdem ist er ja selber schuld, dass er seine Heimat hier verloren hat: Was für ein Barbar er ist, der Isegrim, das ist doch literarisch-historisch belegt:

Denken Sie nur an Rotkäppchen oder den Wolf und die sieben Geißlein.

Wenn er lesen könnte, der Wolf, dann wüsste er doch schon durch diese Geschichten, dass wir uns das von ihm nicht bieten lassen, dass er Großmütter frisst oder kleine Ziegen.

Er kann ja froh sein, dass wir ihn bloß abschießen. Beim Rotkäppchen haben wir ihm noch Wackersteine in den Bauch hineingenäht, dass er beim Trinken ersäuft.

Aber durch die Flussbegradigungen und die Flurbereinigung ist die Zahl der Wackersteine in Bayern natürlich stark rückläufig.

Leider, muss man sagen, leider, leider ist unser Altministerpräsident Dr. Stoiber nicht mehr im Amt!

Der hat sich damals, 2006, als von Italien her eine schreckliche Bärenplage über Bayern hereingebrochen ist, noch hingestellt und gehandelt.

Der hat, als diese Bestie namens Bruno da bei Kochel einen Hühnerstall verwüstet hat, klipp und klar gesagt: »Problembär!« – und aus war's.

Zumal wir in Bayern ja überhaupt nichts gegen den Wolf haben.

Solange er sich vernünftig verhält.

Er braucht sich doch bloß den Hund anschauen. Der frisst statt Hühnern und Schafen eine Wurst und geht an der Leine. Das passt zu uns.

Wie ein Wolf kann er sich in der Wildnis benehmen, der Wolf, aber nicht bei uns in Bayern!

Schließlich ist unsere Heimat heute von allen Seiten bedroht:

Von der Globalisierung, der Migration, der Homoehe, von Brüssel, den Preußen, den Veganern und jetzt käme die Natur auch noch daher.

Da muss man schon einmal deutlich fragen: San mir überhaupt noch mir?

Alles eine Frage der Perspektive!

09.11.2017

KEVIN SPACEY

Jetzt also Sexismus.

Wenn in der amerikanischen Hochglanz-Welt angezogene Menschen mit nackten Fingern aufeinander zeigen, dann ist das zumeist durchschaubar und wäre unter dem Wort »Publicity« im Grunde hinreichend subsumiert.

Das Wort »Sexismus« ist allerdings ungemein wirkungsmächtiger.

Ganz ehrlich, ich habe mich von Anfang an gefragt, schon als die Nummer mit diesem Weinstein losging:

Wäre das ein Thema geworden, wenn es sich nicht um einen mächtigen Hollywood-Produzenten und berühmte Frauen gehandelt hätte, sondern um die kleine Angestellte aus Kleinkleckersdorf?

Eher nicht. Die ist schließlich mächtig und einflussreich genug, um selbst mit dem Problem fertig zu werden, ganz im Unterschied zu einer Gwyneth Paltrow oder einer Angelina Jolie.

Gut, jetzt kann man natürlich argumentieren, durch das Outing von Prominenten wird die kleine Angestellte ja ermutigt, sich auch zu wehren.

Und zwar genau so, wie es die mächtigen und reichen Damen aus der Glamour-Welt machen.

Mit einem Hashtag. Die sagen nicht: »Nimm Deine Drecksgriffel weg von mir, Du Sack!!« wenn die Situation da ist.

Die schreiben es dann ins Internet, wenn alle hineinschauen.

Sie könnten auch klagen, aber die Internet-Justiz hat halt den gewaltigen Vorteil, dass das Urteil in aller Regel VOR der Verhandlung fällt.

Das sieht man jetzt bei Kevin Spacey.

Der wird gerade aus seinem neuen Kinofilm kurz vor dem Start fein säuberlich herausgeschnitten, weil ein anderer Schauspieler sagt, »der hat mich vor 31 Jahren angelangt, ohne dass ich es wollte«.

Juristisch ist der Fall verjährt, aber manche Straftaten sind einfach moralisch zu ergiebig, um sie der Justiz zu überlassen.

Weg damit, mit dem Dreckskerl!

Überhaupt alles rausschneiden aus der Welt, was unerwünscht ist. Ein super Rezept Made in USA!

Gut, die Zeitung in der Früh würde ausschauen wie ein Schweizer Käse, wenn alles rausgeschnitten wäre, was im Verdacht steht, nicht sauber zu sein, aber das Weltbild wäre wieder in Ordnung.

Herrlich. Keine Graustufen mehr, nur noch schwarz und weiß.

Keine aufwändige Beweisführung vor Gericht, nur noch Dreckschweine und moralische Überflieger.

Ein Hashtag reicht, um die Welt in Gut und Böse zu unterteilen. Ob ein Unschuldiger so einen Vorwurf jemals wieder loswird? Scheißegal.

Ob das menschliche Vertrauen der Millionen und Abermillionen anständigen Menschen, Männer und Frauen, die ganz normalen Umgang pflegen dabei auf der Strecke bleibt, was kümmert's?

Das ist der feine Unterschied:

Für die einen ist sexueller Missbrauch ein lebenslanges Trauma, für die anderen eine billige Publicity.

Eben alles eine Frage der Perspektive.

07.12.2017

EU-FINANZMINISTER

Heute setze ich mal ganz oben an, ganz oben:
Bei einem Friedensnobelpreis-Träger. Und zwar bei dem von 2012. Richtig, es geht um die EU.
Und damit um nicht weniger als um uns alle.
Wie sagen schon die pro-europäischen jungen Pioniere von Pulse of Europe:
»Europa braucht jetzt jeden Menschen.«
Genau.
Vor allem braucht es einen gemeinsamen Finanz- und Wirtschaftsminister!
Finden zumindest Macron und Juncker.
Jetzt darf man natürlich vermuten, dass sich der Großsprecher in Paris als Präsident des ewig klammen Frankreichs von einem EU-Finanzminister ziemlich unverhohlen einen Einstieg in die europäische Transfer-Union erhofft. Vor allem, weil Macron genau das nachhaltig abstreitet.
Denn wie sagte schon der große preußische Frankreich-Freund von 1870, Otto von Bismarck:
»Erst durch das Dementi darf die Behauptung als gesichert gelten!«.
Beim Luxemburger Steuerstaubsauger Juncker sieht die Sache anders aus.
Wenn der einen gemeinsamen europäischen Finanzminister fordert, dann will er sein Lebenswerk krönen.
Der will Europa einen und sonst nichts. Und dazu soll es möglichst nach seiner Pfeife tanzen oder vielmehr nach der seiner EU-Kommission. Dass es die in Sachen lupenreiner Demokratie fast schon mit Putin aufnehmen kann, ja nuu …
Fällt auch keinem weiter auf.

Weil es ja eine europäische Öffentlichkeit eh nicht gibt. Drum gibt es auch keine europäische Willensbildung und schon gar keinen europäischen Bürger.

Wenn der Katalane sich von Madrid lossagen will, dann wird er für Brüssel ganz schnell vom Europäer zum Spanier.

Stellt sich also die Frage, was würde aus einem europäischen Finanzminister, wenn er uns Deutschen in die Tasche greifen würde?

Sollte er damit die französischen Staats-Finanzen sanieren wollen, würden wir womöglich die deutsch-französische Freundschaft noch mal nachverhandeln?

Entweder im Spiegelsaal von Versailles oder im Wald von Compiègne, in einem Eisenbahnwaggon. Wer weiß?

Womöglich war das mit dem Euro als paneuropäischem Kitt doch keine so gute Idee, wie uns immer weisgemacht wird. Schließlich hört beim Geld die Freundschaft bekanntlich auf.

Und Demokratie lebt ja auch von der Vielfalt und davon Uneinheitlichkeit auszuhalten.

Juncker sieht das naturgemäß anders.

Wie hat er im Zusammenhang mit CETA gesagt:

»Mehrheiten in Nationalen Parlamenten sind ihm schnurzegal.«

Das ist ein Demokratieverständnis, mit dem er schon fast bei Erdogan anfangen kann.

Das Nobelkomitee in Oslo hätte womöglich gar nichts dagegen, denn wie heißt es in der Begründung für den Friedensnobelpreis an die EU so schön:

»In der Türkei hat die Aussicht auf eine EU-Mitgliedschaft Demokratie und Menschenrechte gefördert«.

Erdogan darf also stolz sein auf sein Land.

Eben alles eine Frage der Perspektive.

14.12.2017

JAHRESRÜCKBLICK

Was gehört zum Dezember wie der Topf zum Deckel – der Gamsbart zum Trachtler und der Kaschperlanzug zum Dobrindt?
Weihnachten?
Auch, aber ich meine jetzt den Jahresrückblick. Und da muss man aus kabarettistischer Sicht sagen, ja, 2017 war ein arbeitsreiches Jahr. Grade nach der Bundestagswahl haben die Pointen zum Teil ja nur noch eine Halbwertszeit gehabt wie Honecker-Witze im Herbst '89.
Ich selber habe eine ganze Kubicki-Nummer, die fix und fertig war, über Nacht in die Tonne treten müssen, weil dem Lindner plötzlich die Erkenntnis gekommen ist, »Besser nicht regieren als falsch regieren!«
Wo das doch die FDP bis 2013 so gut gemacht hat – falsch regieren …
Dann unser Außenminister Gabriel.
Macht der einfach eine Diät und halbiert sein äußeres Erscheinungsbild. Gefühlte Myriaden von Kabarett-Pointen über den kugeligen Sigmar waren obsolet geworden. Und da waren Premium-Pointen dabei!
»Immer wenn ich den Gabriel sehe, denk' ich mir: Dick und doof, das waren doch früher zwei …«
Ein Brüller!
Aus. Vorbei.
Bei Schulz war's genau anders rum. Als der Kanzlerkandidat wurde und auf einmal der sogenannte Schulzzug seine klassenkämpferische Fahrt aufgenommen hatte, von wegen: »weg mit Hartz IV« und »ja zu staatlicher Investitionspflicht«, da haben wir schon angefangen, unsere ganzen Sozen-Pointen über die

ewigen Umfaller und Posten-Schieler einzupacken, bis es dann – oh Wunder – doch anders gekommen ist und die Pointen ko-ko-nnten wieder raus aus der Gro-ko-ßen Mottenkiste.

Wie gut, dass wenigstens die Kanzlerin beständig bleibt. Der Merkelsche Mehltau lag im Januar genauso über dem Land wie im Dezember und auch in den kommenden Jahren werden uns wohl zwei Mundwinkel regieren.

Die regiert, bis der letzte Kabarettist vor ihr kapituliert hat. Das passt ja auch irgendwie zu ihrem Ostdeutschen Migrationshintergrund: »Wer zuletzt lacht, lacht im Westen!«

Bundeskanzlerin scheint ja ein ähnlich attraktiver Posten zu sein wie bayerischer Ministerpräsident.

Wie sonst wäre der ewige Kampf Söder-Seehofer zu erklären, der die bayerischen Schlagzeilen immer wieder bestimmt hat in diesem Jahr?

Zumal ich ja erstaunt feststellen muss: So wie der Söder seit einer Woche grinst, freut er sich offenbar wirklich, dass er demnächst diesen Job hat!?

So, jetzt hätte das ein Jahresrückblick werden sollen und ich bin bei den Namen pappen geblieben.

Das kriegen sie aber auch gut hin in der Politik: Die drehen so lange am Personalkarussell, bis uns vom Zuschauen schlecht wird. Und wenn's dann um die Inhalte geht, dann hängt der Bürger schon über der Kloschüssel. Bildlich gesprochen.

Eben alles eine Frage der Perspektive.

2018

Nach einem halben Jahr Koalitionsverhandlungen tritt die GroKo in Berlin an. Das halbe Jahr ohne gewählte Regierung fiel in Deutschland niemandem negativ auf. Schäden blieben dem Vernehmen nach aus.

Die CSU beschließt mit ihrer absoluten Mehrheit im bayerischen Landtag ein neues Polizeiaufgabengesetz, verliert im Herbst mit einem gewissen Markus Söder als Spitzenkandidat die absolute Mehrheit und regiert fortan mit den freien Wählern. Weil lustige Namen für Regierungsbündnisse grade in sind, nennt man dieses Bündnis »Papaya-Koalition«. Orange das Drumrum, aber schwarz der Kern.

In Frankreich gründen sich die »Gelbwesten«, in Spanien löst sich die »ETA« auf und im saudischen Konsulat in Istanbul wird der Regimekritiker Jamal Kashoggi zersägt.

Vor der Fußball-WM in Russland lässt sich der Nationalspieler Mesut Özil im türkischen Wahlkampf mit Erdogan fotografieren, wird dafür in Deutschland kritisiert, ist beleidigt und tritt aus der Nationalmannschaft ab. Der alte römische Grundsatz »wo es Dir gut geht ist dein Vaterland« ist ihm unbekannt.

Merkel gibt den CDU-Vorsitz an AKK ab, die in der Folge den Karren gründlich an die Wand bauert.

Was sonst noch war lesen sie auf den folgenden Seiten.

26.01.2018

#NOGROKO

10 Euro für zwei Monate. Also ich finde, da kann man echt nichts sagen. Gut, man kriegt nicht wirklich viel dafür, nur eine SPD-Mitgliedschaft, aber immerhin.

Und rund 2000 Menschen haben davon auch schon Gebrauch gemacht in den letzten Tagen, ganz nach dem neuen Juso-Motto: »Tritt ein – sag nein!« Nein zur verhassten GroKo.

Juso heißt übrigens Jung-Sozialisten. Klar. Alte Sozialisten gibt's nicht in der SPD. Je länger man dabei ist, desto mehr spürt man scheint's diese gewaltige »staatspolitische Verantwortung«, die auf der Partei lastet. Und da können die Jusos schon froh sein, dass es heutzutage nur Neuauflage der Groko ist, die dabei herauskommt, wenn die SPD Verantwortung spürt.

Der Brandt ist Revoluzzern noch mit einem Radikalenerlass begegnet und Noske hat gleich schießen lassen. Also im Grunde schon ein gewaltiger Fortschritt.

Als am vergangenen Sonntag der Sonderparteitag in Bonn erst für vier weitere Jahre Merkel gestimmt und gleich drauf lauthals gesungen hat »mit uns zieht die neue Zeit!«, da habe ich mich sogar gefragt, hat die SPD neuerdings Humor?

Nicht, wenn es um Juso-U-Boote als Parteimitglieder geht, die die GroKo torpedieren wollen.

Und, liebe Jusos, 2000 Neumitglieder reichen ja auch bei Weitem nicht aus. Die SPD hat 440 000 Mitglieder. Um beim Mitgliederentscheid wirklich sicherzugehen, müssten also mindestens 440 001 GroKo-Gegner in die SPD eintreten.

Wo nimmt man die her?

Man beachte: Es müssen keine deutschen Staatsbürger sein und im Ausland leben darf man auch.

Der Ortsverein Diepholz bietet für jedes geworbene Neumitglied einen Buchgutschein über 50 Euro an. Würde also zum Beispiel Gerhard Schröder seine zukünftige Gemahlin aus Südkorea als SPD-Mitglied werben, dann könnte er sich dafür sogar noch einen Eheratgeber vom Lothar Matthäus dazu bestellen oder die Steinmeier-Biografie zum Einschlafen.

Jetzt wird natürlich die Schröder-Gemahlin Nummer 5 eher nicht gegen eine GroKo stimmen, drum lohnt ein Blick über den 38. Breitengrad. Nach Nordkorea. Der Kim, der könnte in die SPD eintreten. Kim Yong Un. Und 440 000 Leute bereitstellen, das ist für den ein Klacks. Das macht der in Pjöngjang einfach per Tagesbefehl. Ab in die SPD.

Für den Schulz wird's dann natürlich schwierig. Der passt nicht zum Kim. Die Nahles schon eher. Und richtig super könnte es für den Schröder rausgehen. Der kann mit Diktatoren. Wenn der gut verhandelt und seine südkoreanische Frau geschickt dolmetscht, dann wird er vielleicht sogar noch zum Kanzler der Einheit!

Der koreanischen zwar, aber das hat er ja schon als Juso gerufen: »Ich will hier rein!«

Eben alles eine Frage der Perspektive.

02.02.2018

ARBEITEN IM STEHEN

Darf ich fragen:
Sitzen Sie gerade?
Also ich meine, während Sie das hören. Ja?
Dann stehen's auf. Schnell. Im Stehen verbrennen Sie nämlich sagenhafte 0,15 Kalorien mehr als im Sitzen!
Das hat WER herausgefunden? Genau: Amerikanische Wissenschaftler. Und was macht der Deutsche am liebsten? Das, was amerikanische Wissenschaftler sagen.
Gut, jetzt kann man nicht überall einfach aufstehen, nur um mehr Kalorien zu verbrennen. Nehmen Sie das Autofahren. Oder wenn Sie als Mann beim Bieseln aufstehen.
Dann verbrennen sie zwar mehr Kalorien als im Sitzen, ziehen dafür aber den Hass der Frauen auf sich und das ist auch nicht gesund.
Der Michelangelo zum Beispiel, hat das Deckengemälde in der sixtinischen Kapelle im Liegen (!) gemalt. Im Stehen wäre das sicher gesünder gewesen. Da hätte er vielleicht fünf Jahre länger gelebt. Dafür wäre das Bild scheiße geworden und er wäre heute vergessen ...
Trotzdem ist es eine erstaunliche Zahl:
0,15 Kalorien! Wenn Sie da nur vier Jahre stehen bleiben, dann haben Sie ganze zehn Kilo abgenommen – vorausgesetzt natürlich, Sie gönnen sich keine extra Brotzeit zwischendurch.
Aber wer sich was gönnt, der ist eh aus dem Rennen.
Disziplin ist heute angesagt.
Das ist wie in der Betriebswirtschaft. Man optimiert Prozesse und engineert seinen Body. Früher hat man in den Spiegel geschaut, um sich seiner selbst zu vergewissern, heute sammeln wir Daten.

»Du bist, was Du isst« war gestern. Heute heißt's: »Du bist, was Du misst!«

Und der Kalorienverbrauch ist ja nur der Anfang. Extremisten fotografieren heute ihr Essen und lassen es im Internet auf den Kaloriengehalt hin bewerten. Tolle Sache. Solche Apps bieten auch dem Genussmenschen ungeahnte Chancen. Wenn du in Photoshop fit bist, dann machst du aus einer saftigen Schweinshaxe in Nullkommanix einen kleinen Beilagensalat und schon passt der Kalorienwert wieder.

Schließlich geht's im Leben ja nicht nur um Fitness.

Ist man wirklich glücklicher, wenn man Herzfrequenz, Vitamin-D-Level, Blutzuckerspiegel, Hirnströme, Lungenfunktion und Hormonwerte bezogen auf Tiefschlaf und Wachphasen bis auf drei Stellen hinter dem Komma kennt?

Oder wie hat es ein Kollege einmal formuliert?

»Was ist das für eine Zeit, in der man die Lebenserwartung mit einer Zahl misst?«

Schöner Satz, finde ich.

Gut. Natürlich muss man auf seine Gesundheit achten. Das ist ja klar. Gerade wenn jetzt dann die Fastenzeit wieder beginnt. Da tut ein bisserl Zurückhaltung schon gut. Gerade auch denen, die sich das ganze restliche Jahr kontrollieren und zurückhalten.

Die können's ja dann ab Aschermittwoch mal so richtig krachen lassen.

Eben alles eine Frage der Perspektive.

08.02.2018

FASCHINGSENDSPURT

Erinnern Sie sich noch an Gottlieb Wendehals? Genau, der mit der »Polonäse Blakeneese«. Dem Faschingshit der Saison 1981.
»Wir ziehen los in ganz großen Schritten, und Erwin fasst der Heidi von hinten an die – Schultern!«
Das bringen Sie heute einmal auf einer Faschingsveranstaltung, am besten im Fernsehen …
Da fliegt Ihnen aber Ihr Auftritt noch vor dem ersten Tusch um die Ohren.
Da können Sie im Fasching gleich als Dieter Wedel gehen. Und das ist ja auch richtig so.
Natürlich gehört gerade in ausschweifenden Zeiten wie dem Fasching der Witz unter Beobachtung gestellt.
Das haben Sie ja letzte Woche in Veitshöchheim gesehen, wie schrecklich das ausgehen kann, wenn nicht eine strikte Witzkontrolle dem Frohsinn voran geht.
Da hat es prima Witze gegeben. Seehofer ein Wahnsinniger, Trump reif für die Schrottpresse. Alles in Ordnung so weit, lustig und zutreffend.
Aber als dann auf einmal Brigitte Macron, Frankreichs First Lady, als die »schärfste alte Hütte« von Paris bezeichnet wurde, da schlug die Stunde der Humorpolizei.
Wenn der Innenminister Hermann nicht koalitionsgesprächstechnisch in Berlin hängen geblieben wäre, dann hätte er die Künstler als schwarzer Sheriff wahrscheinlich von der Bühne weg verhaftet.
Warum? Weil man das nicht darf!
Dass sich die Première Dame Frankreichs sehr bewusst als jung gebliebene, attraktive Diva inszeniert und genau darauf achtet, dass dieses Bild von ihr in die Öffentlichkeit kommt –

egal. Da kann es schon einmal sein, dass darüber Witze gerissen werden. In Frankreich übrigens weit derbere als in Veitshöchheim. Für so etwas gibt es das schöne alte deutsche Wort »Spott«.

Aber der Deutsche spottet nicht gerne über die Obrigkeit. Der spielt lieber Palastwache und stellt sich schützend vor die Mächtigen.

Das hat er von den Preußen gelernt – und über einen besonders ausschweifenden preußischen Fasching ist nichts überliefert.

Dabei wird uns in Deutschland der Faschingsendspurt momentan durchaus versüßt. Zum Beispiel durch einen glühenden Europäer als Außenminister, der Strohfeuer entfacht, wo immer er hinkommt. Bei der Nubbel-Verbrennung in der letzten Karnevalsnacht ist der Schulz sicher ein gefragter Mann.

Auch den fliegenden Wechsel an der SPD-Spitze hin zu Andrea Nahles als »richtigen Zeitpunkt für einen Neustart« zu bezeichnen, zeugt von Humor! Galgenhumor sogar.

Das ist ungefähr so, wie wenn du so einen alten Schrott-Karren fährst, der alle 500 Meter abstirbt. Und jedes Mal sagst du, jetzt ist der richtige Zeitpunkt für einen Neustart.

Es gibt auch in Deutschland guten Humor, man muss ihn nur entdecken.

Eben alles eine Frage der Perspektive.

16.02.2018

MAN LERNT NIE AUS

»Eine neue Liebe ist wie ein neues Leben.«
Die Tiefe dieses Satzes aus dem Munde des deutschen Schlager-Philosophen Jürgen Marcus muss unser Alt-Kanzler Schröder, der »Gerd aus Hannover, haha…«, gerade schmerzlich ausloten.

Seiner zukünftigen Frau zuliebe lernt der ehemalige »Genosse der Bosse« gerade koreanisch und tut sich laut eigenem Bekunden wahnsinnig schwer damit.

»Ich kann grade ma' paar Brocken«, hat er gesagt.

Was das wohl für Brocken sind?

Wir kennen das alle aus dem Urlaub:

Die Gastronomie ist der erste Berührungspunkt mit der Sprache des Gastlandes.

Einmal die »Pizza mit Alles« unfallfrei in der Landessprache bestellt und schon fühlen wir uns bilingual.

»Hol' mir mal 'ne Flasche Bier, sonst streik' ich hier«, ist ein unvergessener Schröder-Satz, gefallen anlässlich einer Autogrammstunde und wahrscheinlich unfreiwillig gereimt.

Für eine derart elaborierte Bestellung wird sein koreanisch sicher noch zu dünn sein, aber zu »einmal 134 mit Ssarf, bitte, smeckk sonn guut!«, soll es angeblich schon reichen.

Das ist jetzt zwar nicht direkt koreanisch, aber als internationaler Asia-Sound geht's durch und den Rest klärt dann seine zukünftige Gattin. Die soll schließlich des Deutschen mächtig sein, heißt's.

Und eines müssen wir neidlos anerkennen. Der Gerd lernt auch im Alter weiter dazu. Das machen andere nicht.

Der Trump ist auch über 70. Wenn der koreanisch lernen würde statt zu twittern, da würde uns einiges erspart bleiben.

Andererseits: Über was sollten sich die Deutschen dann wieder echauffieren? Über sein schlechtes Koreanisch vielleicht.

Weil das sind wir ja noch lieber als Moralapostel: Oberlehrer.

Aber gut. Andere haben in letzter Zeit erstaunlich schnell dazu gelernt.

Der Söder zum Beispiel.

Wenn man die Metamorphosen des Markus S. studiert, da muss man schon eine gewisse Entwicklung konstatieren.

Erst war er dem Stoiber sein Kettenhund, dann als Finanzminister ein Sparfuchs und seit seinem Auftritt am Aschermittwoch in Passau ist er fast zu einem Strauß mutiert.

Fast, wohlgemerkt!

Der Saal hat ihn beflügelt, aber das Gebell vom Kettenhund war noch zu hören.

Gut, das kann man jetzt mit dem Schröder gar nicht vergleichen.

Der Gerd hat ja seine Karriere längst hinter sich.

Und hat dabei erlebt, wie bitter es ist, wenn andere deine Früchte ernten. Daraus hinwiederum hat Martin Schulz gelernt und der SPD erst gar keine Früchte hinterlassen, die sie ernten könnte, sondern ein gigantisches Chaos.

Drum hat er auch mit Korea nichts am Hut, der Schulz. Sein Vorbild und Meister kommt aus China:

Der große Konfusius.

Eben alles eine Frage der Perspektive.

09.03.2018

JUGENDWAHN

»Wir tun heute so, als wäre Jugend ein Verdienst und Alter eine Bürde!«

Dieser schöne und wahre Satz stammt nicht vom Dalai Lama. Den hat auch nicht Papst Franziskus getwittert. Nein der ist vom großen Ingolstädter Philosophen Horst Seehofer.

Wo er recht hat, hat er recht, das muss man neidlos anerkennen. Und wendig wie der Horst nun einmal ist hat er sofort den Beweis des Gegenteils angetreten.

Zur Verjüngung des bayerischen Teils der Bundesregierung hat er die zwei größten Knalltüten ins Kabinett geholt, die er in der CSU finden konnte.

Andreas Scheuer und Dorothee Bär.

Beim Scheuer ist der Fall klar. Der wird Verkehrsminister. Wo soll der Bub sonst auch hin?

Für einen seriösen Job taugt er nicht und im Kloster scheitert er am Schweigegebot. Bei der Blechlawinen-Lobby werden angesichts dieser Personalie die Sektkorken geknallt haben. Dort versteht man was von Physik und weiß, der absolute Nullpunkt an politischer Autorität ist ein idealer Messwert.

Das heißt, er kann in der Realität nicht erreicht werden. Gut, der Dobrindt war als Verkehrsminister schon verdammt nah dran, aber beim Scheuer ist der Abstand zur Lobby wohl endgültig nicht mehr messbar.

Dafür ist er jung. Hurra.

Noch jünger ist nur die Dorothee Bär. Die Barbiepuppe der CSU.

Als die noch Staatssekretärin beim Dobrindt war, hat sie in der Bildzeitung Werbung für einen Geländewagen von VW gemacht. Ganzseitig.

Motto:
»Die Preis-Leistung ist der Hammer, nur der Schminkspiegel ist ein bisschen klein!«
Dreister geht's fast nicht mehr.
Andere warten wenigstens bis zum Ende ihrer politischen Amtszeit, bevor sie es sich im Enddarm der Autoindustrie bequem machen.
Die Doro nicht. Dafür ist sie jetzt zur Staatsministerin für Digitalisierung befördert worden. Schlüsselqualifikation: Angewachsenes Handy und doppelte Twitterdichte von Donald Trump bei halbem Inhalt.
Ihre Airbus-Lufttaxis sind ihr diese Woche ja schon um die Ohren geflogen. Ist ja auch fast so grandios wie die Idee vom atomgetriebenen Auto in den 50er-Jahren. Da, wenn die Doro schon Ministerin gewesen wäre, da hätten wir heute keine Stickoxide und Fahrverbote. Da hätten wir heute Atommüll in der Münchner Innenstadt.
Airbus selber beschreibt die Idee dieses Lufttaxis übrigens folgendermaßen:
»Wir sind seit zehn Jahren dabei, das Projekt eines unbemannten Flugzeuges auf die Schiene zu setzen« Aber der Stapellauf verzögert sich, weil die Pedale klemmen. Könnte man noch anfügen:
Ideen, die die Welt nicht braucht. Außer man ist so jung, dass man Zukunft und Legoland noch nicht unterscheiden kann.
Eben alles eine Frage der Perspektive.

30.03.2018

HARTZ IV

Dieser Jens Spahn, ha?

Hat sie das auch so aufgeregt, diese Woche? Stellt sich da dieser Schnösel mit 13 000 Euro Ministergehalt einfach hin und verhöhnt die Hartz-IV-Empfänger.

Was hat er gesagt?

»Nur weil jemand auf nur 600 Euro Altersrente kommt, muss er ja nicht arm sein!«

Genau!

Nein, halt, das hat gar nicht der Spahn gesagt. Das hat der Müntefering gesagt, Franz Müntefering von der SPD, damals, als er noch was zu sagen hatte.

»Wenn Sie was Ordentliches gelernt haben, dann brauchen Sie keine drei Miinijobs!«

Das hat …. nein, Moment, das hat der Tauber gesagt.

Hoffentlich nicht zu denen, die sich in den letzten Monaten im Krankenhaus um ihn gekümmert haben.

Der Spahn hat was viel Schlimmeres gesagt!

»Die Erhöhung von Hartz IV war ein Anschub für die Tabak- und Spirituosenindustrie!«

Nein, das war auch nicht der Spahn, das war Philipp Mißfelder, Gott hab' ihn selig …

Jetzt weiß ich's wieder:

»Wenn Sie sich waschen und rasieren, dann haben Sie in drei Wochen einen Job. Exakt das hat er gesagt, … der Kurt Beck, als SPD-Chef, damals im Wahlkampf 2009.

»Mit Hartz IV hat jeder das, was er zum Leben braucht«, genau, das hat er gesagt, der Jens Spahn und der neuen GroKo noch vor dem Regierungsstart ihren ersten Streit beschert.

Die SPD war stinksauer. Ist ja auch wirklich saublöd, wenn der letzte Verteidiger der Schröder'schen Agenda-Politik ausgerechnet aus der CDU kommt und dort auch noch der Hoffnungsträger ist. Nicht einmal, das schaffen die Sozen mehr selbst:
Ihre größten Leistungen zu verteidigen.
Wie hat das unter Schröder noch geheißen? »Arbeitslosengeld und Sozialhilfe werden zusammengelegt!« Das waren noch sozialdemokratische Sprachregelungen, »zusammengelegt«. Klingt fast kuschelig.
In Wirklichkeit wurde bei Hartz IV gar nichts zusammengelegt.
Die Arbeitslosenhilfe haben sie gestrichen und durch ein Existenzminimum ersetzt. Katrin Göring-Eckart, damals noch jung und sozial engagiert, hat das seinerzeit übrigens für die Grünen ganz offiziell als »Bewegungsangebot« bezeichnet. Nach dem Motto: »Der Mensch bewegt sich erst, wenn er unter Druck gesetzt wird.« Große linke Kämpfer, allesamt.
Was hat der Spahn gleich wieder gesagt?
»Fördern und Fordern«.
Nein, Entschuldigung, das hat der Steinmeier gesagt. Also nicht jetzt, sondern 1991. In seiner Doktorarbeit mit dem Titel: »Bürger ohne Obdach«. Drum hat ihn der Schröder dann auch zum Architekten der Agenda 2010 gemacht, den Frank-Walter.
Weil er gesagt hat, »Bürger ohne Obdach schlafen auf der Straße und belasten deshalb schon mal nicht den Wohnungsmarkt in Großstädten«.
Nein, des hat glaub ich noch gar keiner gesagt …
Und darüber muss man fast schon froh sein.
Eben alles eine Frage der Perspektive.

04.05.2018

WELT-TUBA-TAG

Es gibt ja heute für alles einen Tag.
Den Tag der Jogginghose, den Welttoilettentag, den Tag der Minzschokolade und den Tag des deutschen Butterbrotes. Um nur einige zu nennen.
Und heute ist der Welt-Tuba-Tag.
Da gibt's natürlich welche, die sagen: So ein Schmarrn!
Eine Tuba! Ein Haufen Blech, aus dem der dumme Dicke in der letzten Reihe der Bierzeltmusik mit Mühe und Not drei Töne rausbringt, braucht so etwas jetzt auch schon einen eigenen Ehrentag?
Warum nicht gleich einen Welt-Triangel-Tag?? Oder einen Welttag der Vogelpfeife? Aus der bringt man normalerweise gar keinen Ton raus und trotzdem kauft man sie jedes Jahr wieder auf der Wies'n.
Damit tut man der Tuba unrecht und ihrem Spieler erst recht.
Die Tuba hat vier Oktaven Tonumfang, du brauchst extrem viel Luft, um da überhaupt Töne raus zu bringen und eine gewaltige Atemstütze brauchst du auch.
Bei LaBrassBanda gerät das Publikum fast in Extase bei den Konzerten, wegen der Tuba.
Das alles gibt sie her – klar, man muss sich freilich mit ihr beschäftigen. Von nichts kommt nichts.
Und das tun wir ja grundsätzlich nicht mehr so gerne. Nicht nur bei der Tuba.
Uns mit Dingen genauer beschäftigen, die schon auf den ersten Blick völlig klar scheinen.
Dick ist blöd, schwarz ist faul und arm ist selber schuld und bayerisch ist provinziell.

Dabei ist es ja ganz anders:
bayerisch ist schwarz, arm ist blöd und dick ist provinziell. Und das stimmt auch nicht.
Nichts ist so, wie es scheint.
Die EU ist ein Friedensprojekt, will aber eine gemeinsame Armee …
Die SPD ist eine Volkspartei, kommt in Bayern aber grade noch auf zwölf Prozent.
Der Söder wirkt egoman ….
Gut, Ausnahmen bestätigen die Regel.
Wie auch immer:
Nicht nur für die Tuba gilt: Was wir auf den ersten Blick übersehen, ist oft nicht unwichtig, sondern nur so geschickt genug, auf den richtigen Zeitpunkt zu warten um dann ganz groß raus zu kommen.
Am Sonntag ist übrigens Welt-Lachtag.
Gefeiert wird dieser Tag ganz einfach: Punkt 14 Uhr treffen sich Mitglieder aus Lachclubs auf der ganzen Welt, um gemeinsam drei Minuten lang zu lachen.
Grundlos – aber für den Frieden.
Dabei wird die Atmung ruckartig unterbrochen und durch Bewegungen des Zwerchfells Atemluft aus der Lunge gestoßen, heißt's in der Ankündigung.
Man könnte es freilich auch mit Humor probieren.
Eben alles eine Frage der Perspektive.

17.05.2018

BILLIGER WOHNRAUM

Heute ist es einmal an der Zeit, positiv zu sein! Schließlich hat sich die bayerische Staatsregierung entschlossen, einen Verfassungsauftrag von 1946 zu erfüllen. Und das schon 2018! Mit der Gründung der Wohnungsbaugesellschaft »BayernHeim« zieht man in den Kampf für »billige Volkswohnungen«. Ganz ruuuuhig, selbst ernannte Nazijäger und Sprachpolizisten! Kein Grund aufzujaulen! Das sage nicht ich, das sagt auch nicht Markus Söder, so steht es in der bayerischen Verfassung.

Und das ist doch schön, dass sich die bayerische Regierung 72 Jahre nach Inkrafttreten der Verfassung daran erinnert.

Schließlich ist man mit dem Thema »Bauen« nah am Menschen, sagt die Ilse Aigner.

Eine Spezialität der bayerischen Staatsregierung. Beim Polizeiaufgabengesetz ist man sogar so nah am Menschen, dass es den Leuten schon unangenehm wird.

Sage und schreibe 10 000 Wohnungen will man staatlicherseits bauen bis 2025. Also ungefähr 1400 im Jahr. Landesweit. Als »beste Medizin gegen steigende Mieten«, sagt Ilse Aigner, als baumedizinische Beraterin vom Söder.

Ich bin überzeugt, dieses ehrgeizige Programm wird gerade im Raum München den überhitzten Immobilienmarkt in seinen Grundfesten erschüttern und in sich zusammenbrechen lassen!

Wenn man bedenkt, in welchen Mengen derzeit an frei finanzierten Wohnungen in München gebaut wird. Teilweise schon ab sensationell günstigen 9000 Euro der Quadratmeter, damit eine gesunde Mischung im Quartier entsteht.

Und wenn man sich anschaut, dass der bayerische Staat bis jetzt seine Grundstücke meistbietend auf den freien Markt geworfen hat, dann sind Tropfen auf heiße Steine stark kühlende Maßnahmen im Vergleich zur neuen »BayernHeim«.

Schließlich wurde die Richtung der bayerischen Politik seit vielen Jahren ausschließlich von einer schwarzer Null bestimmt. Vom Stoiber ... äh, seit Stoiber. Warum hat man denn 30 000 GBW-Wohnungen in Bayern verschachert? Weil der Stoiber den Karren BayernLB an die Wand gesetzt hat.

Man hat gezockt, gepennt, ignoriert und jetzt wo die Hütte brennt kommt man daher und sagt: Wir haben das Problem erkannt.

Das ist ungefähr so, wie wenn man mit dem Brathendl zum Tierarzt geht und fragt: »Kann man da noch was machen?«

Zumal es ja nicht so ist, dass man anderswo das Geld nicht mit vollen Händen ausgegeben hätte. Beim Auto, da war der Staat nicht so kleinlich in der Vergangenheit. Wenn unsere notleidenden Autokonzerne Hilfe benötigen, da fragt der Staat höchstens: »Dürfen wir das Geld vormittags oder nachmittags vorbeibringen«. Gerade in Bayern.

Aber wie sagt Dr. Markus Söder:

Bayern ist ein Autoland.

Genau: Warum wohnen, wenn man fahren kann?

Eben alles eine Frage der Perspektive.

28.06.2018

QUALIFIKATIONEN

»Wer nix is und wer nix kann, der geht zur Post oder zur Bahn und wer da nix wird wird Wirt«

Diesen Spruch kennt man noch von früher, als die Post und die Bahn Staatsbetriebe waren und »Bundesbahnamtmann« oder »Postoberrat« ein Beruf. Mit Beamtenstatus!

Den gibt's schon lange nicht mehr und trotzdem scheint die Bahn heute endlich wieder bereit, dieses Image zu pflegen. Nix mehr Bewerbungsschreiben.

Die Leute sollen einfach zu einem Casting kommen und »wer gut zu uns passt, der kriegt gleich vor Ort eine Einstellungszusage«, sagt eine Bahnsprecherin.

»Vom Bewerber zum Mitarbeiter in einem Tag«, ist das Motto. Klingt bisserl nach »hire and fire«, wobei über die Bahn über den Rückweg vom Mitarbeiter zum Ex-Mitarbeiter nichts sagt.

Genauso wie zu den konkreten Arbeitsbedingungen. Wie schnell ist man wieder draußen? Ist der Vertrag so sauber wie ein neuer ICE oder wie eine Regionalbahn zur Wiesnzeit?

Keine Ahnung, wir wissen es nicht, bei der Bahn gilt jetzt anscheinend:

Lok fahren geht auch ohne Lesen.

Und man kann es auch positiv sehen: Bei der Bahn kriegt jeder seine Chance. Auch über 50-Jährige übrigens.

Das Prozedere kennt man ja von Aufsichtsräten und Beraterposten. Da hat wiederum der ehemalige Bahnchef ein großes Los gezogen.

Der Rüdiger Grube. Der hat sich ja rechtzeitig bevor Stuttgart 21 endgültig zum Desaster wird von der Konzernspitze verzupft und ist jetzt zum Dank wo gelandet? Bei Tunnelbau-Spezialisten Herrenknecht. Als Berater. Das kann er sicher gut.

Als ehemaliger Bahnchef die Firma zu beraten, die die Tunnels für Stuttgart 21 kreuz und quer durch Baden-Württemberg bohrt.

Ist doch prima!

Weil: Es geht nämlich auch ganz anders.

Wenn sie sich Douglas anschauen, diese Parfümeriekette.

Der OBI für Frauen.

Die suchen Apotheker. Und Apothekerinnen. Als Verkäufer.

Da haben Sie dann sechs Jahre Pharmazie studiert und anschließend stehen sie bei Douglas hinterm Tresen und sagen:

»Riechen's einmal …!«

Also so sagt das Douglas natürlich nicht. Die sagen, es geht um »medical Beauty«, um »skin care« und darum »Health-Produkte« nicht auf den »Mass Market« zu werfen.

Damit sie das so schön sagen können, haben sie sich extra die Marketing-Chefin von Opel geholt.

Da hat man früher auch gesagt »Jeder Popel fährt an Opel«, aber seit sie zu den Franzosen gehören, verstehen sie offenbar was von Eleganz, zumindest in der Sprache.

Und so machen sie Douglas zu einer Kosmetik-Apotheke.

Aber wie wissen wir Bayern seit Fredl Fesl:

Eine Magd bleibt eine Magd und wenn man sie zehn Mal Kuhbusen-Masseuse nennt.

Eben alles eine Frage der Perspektive.

08.11.2018

9. NOVEMBER

9. November. Was für ein Tag. Hitler-Putsch, Ausrufung der Republik, Reichspogrom-Nacht, Mauerfall.
DER deutsche Schicksalstag.
Sogar die bayerische Revolution liegt – nur einen Tag daneben. Wäre der Eisner einen Tag später auf die Theresienwiese … Dann wäre das auch noch am 9. November gewesen.
Gut, da könnte man einwenden: ja, wäre er sieben Wochen früher auf die Theresienwiese gekommen, der Eisner, hätte er vielleicht vom Münchner Oberbürgermeister die erste Mass gekriegt. Und »ozapft is!« wäre der Schlachtruf der bayerischen Revolution geworden. Aber das ist natürlich ausgemachter Blödsinn.
Genauso, wie man es sich ja heute auch nicht mehr vorstellen kann, dass ausgerechnet von der SPD eine Revolution ausgeht.
Linksradikale in der SPD! Die findet heute in Deutschland nur noch einer und der heißt Maaßen. Das war ja eine völlig andere SPD, damals. Obwohl – zerstritten waren sie zu der Zeit auch schon. In USPD und MSPD. Wenn Zoff das Kriterium ist, dann könnten sie heute auch wieder eine Revolution machen, die Sozis. Wäre vielleicht gar keine so schlechte Idee, weil wählen tut sie ja keiner mehr.
Vor lauter Revolutionsgedenken geht dieser Tage ja ein Ereignis völlig unter, das – gerade für uns Bayern – das womöglich wichtigste 9. November-Ereignis überhaupt ist.
Ich spreche vom 9. November – Achtung 1313!
Was da war? Das weiß natürlich wieder kein Mensch.
Die Schlacht von Gammelsdorf. Hallo! Hätte damals nicht der Wittelsbacher Ludwig der Bayer den Habsburger Friedrich

vernichtend geschlagen, dann wären wir heute vielleicht Österreicher! Da könnte uns der 9. November völlig wurscht sein. Da täten wir stattdessen den 21. Juni feiern. Das Wunder von Cordoba. 3:2 gegen Deutschland.
Und mit einem Ereignis wie dem Mauerfall hätten wir gar nichts zu tun. Gut, der ist an uns Südbayern 1989 auch so einigermaßen vorbeigezogen.
Viele Bayern haben damals gesagt: Wiedervereinigung ok. Aber warum ausgerechnet mit der DDR?
Und man muss ja auch sagen, die Revolutionäre im Osten in allen Ehren, aber letztlich hat die Mauer ein Zufall zu Fall gebracht!
Erinnern Sie sich an die legendäre Pressekonferenz mit diesem Günter Schabowski in Ost-Berlin.
Als man ihn gefragt hat: Wann kommt die Reisefreiheit? und er wild zu blättern angefangen hat und dann gestammelt: »das ist meines Wissens sofort … unverzüglich!« Und los ist es gegangen.
Stellen Sie sich vor, so einen hätten wir heute.
Wann wird der Berliner Flughafen eröffnet:
»Sofort – unverzüglich!«
Wann endet der Dieselskandal?«
»Sofort – unverzüglich!«
Wann tritt Seehofer ab?
»Sofort – unverzüglich!«
Revolution kann so einfach sein.
Eben alles eine Frage der Perspektive.

15.11.2018

UR-KILO

So. Heute machen wir mal Physik.
»Das Plancksche Wirkungsquantum ist das stets gleiche Verhältnis des kleinstmöglichen Energieumsatzes zur Schwingungsfrequenz.«
Was? Sie fragen sich, was das sein soll?
Ja das müssen sie schon wissen. Spätestens ab morgen, sonst sind sie womöglich von gestern.
Mit dem Planckschen …äh.. Dingsda wird nämlich am heutigen Tag das Kilo neu definiert.
Bis jetzt war das ja immer noch so ein Metallstück, verschlossen in einem Tresor irgendwo bei Paris, von dem man gesagt hat, das ist das Ur-Kilo. Soviel wiegt ein Kilo auf der ganzen Welt.
Das Metallstück ist auch kopiert worden und verschickt, 1983 haben wir es sogar den Chinesen gegeben und gesagt, wenn ihr mit uns Handel treiben wollt, bitteschön, das ist die Maßeinheit.
Das Problem ist jetzt aber gewesen, dass das Kilo gar kein Kilo mehr wiegt, sondern – halten Sie sich fest – 50 Mikrogramm weniger. Durch Gasverlust, heißt's. Keine Ahnung.
Auf jeden Fall hat da die Wissenschaft jetzt Alarm geschlagen, weil durch diesen Gewichtsverlust natürlich nicht nur dem Beschiss Tür und Tor geöffnet wird, sondern Industrie, Informatik, Klimaforschung, im Grunde nichts mehr präzise arbeiten kann. Und das merken die erst jetzt!
Die bayerischen Metzgereifachverkäuferinnen waren da viel wacher.
Warum fragen die denn, seit ich denken kann, bei jedem Aufschnitt: »derf's a bisserl mehrer sein?«??

Weil sie instinktiv gespürt haben, dass das Ur-Kilo gar kein Kilo mehr wiegt. So fair geht's im bayerischen Lebensmittel-Einzelhandel zu.

Von diesem Instinkt sollten wir uns viel mehr leiten lassen. Wir sollten die Gelegenheit nutzen und alle möglichen Maßeinheiten überprüfen.

Oder noch besser, neue Maßeinheiten festlegen. Nicht nur in der Physik. Auch gesellschaftlich und politisch.

Selbstbesoffenheit zum Beispiel wird ab sofort in »Trump« gemessen.

»Macron« wäre dafür auch eine geeignete Einheit. Wenn man sich dem sein royales Gebaren anschaut, kann man's wahrscheinlich fast 1:1 umrechnen.

Flüssigkeit wird in Litern gemessen, Überflüssigkeit in »Nahles«. Demut misst man in »Hoeneß«. Wobei der Hoeneß selber da nur auf zehn hoch minus zehn Millihoeneß kommt.

Aber es hätte doch was. Grade in einer Zeit, von der es immer heißt, es fehlen die Werte, hätte man da wieder klare Maßstäbe.

Man könnte es sogar machen wie beim Ur-Kilo. Und die alle miteinander in einen Tresor packen und erst Jahrzehnte später wieder herausholen.

Für die Frau Nahles wäre das ja direkt eine Hoffnung. Da sagt man dann: Schau, die war einmal das Ur-Maß für Überflüssigkeit, aber es ist weniger geworden.

Eben alles eine Frage der Perspektive.

06.12.2018

KINDERGARTEN-POLIZEI

Dass Erziehung eine große Aufgabe ist, mit extremen Herausforderungen verbunden und an die Grenzen der Belastbarkeit gehen kann, das haben wir diese Woche wieder einmal in Hamburg erfahren dürfen. Da haben sich zwei 3-jährige Buben im Kindergarten wegen eines Dreirades in die Haare gekriegt und die Mutter des einen Streithahnes hat sich nicht anders zu helfen gewusst als – halten Sie sich fest – die Polizei zu rufen.

Die haben dann zwar auch nicht gewusst, was sie tun sollen …

Dreijährige einsperren? Das gibt's nicht mal in Nordkorea.

Strafanzeige wegen versuchtem Dreirad-Diebstahl? Oder zumindest eine eingehende Vernehmung auf der Wache? Selbst wenn die Delinquenten den Schnuller aus dem Mund nehmen, dürfte der ermittlungstechnische Erkenntnisgewinn minimal sein.

Aber Sie können sich vorstellen, die Empörung im Netz ist maximal.

Wir brauchen einen Erziehungsführerschein.

Wer zahlt diesen Einsatz?

Was macht diese Mutter, wenn ihr beim Kaffee kochen das Wasser anbrennt?

Holt sie dann die Feuerwehr?

Sicher, das sind alles Fragen, die man stellen kann und im Zeitalter der Helikoptereltern, wo der Nachwuchs durchgeplant ist von der Empfängnis bis zum Chefposten bei BMW inklusive Englischkurs in der Krabbelgruppe und Programmierworkshop in der Kita, da gibt es genug Deppen, die Streits unter ihren Blagen zuallererst unter strafrechtlichen Aspekten betrachten.

Aber so ist eben unsere Zeit.

Und wenn man ganz ehrlich ist: Dass der Deutsche gerne die Polizei holt, das ist doch wirklich nichts Neues.

Und ausgestorben ist er ja nicht, der deutsche Spießer, der hat sich nur umgezogen. Der ist modebewusst, der kauft im Biosupermarkt, der trennt Müll. Das Einzige, was sich nicht geändert hat, ist, dass er alle verachtet, die nicht genau so ticken wie er.

Und da ist ja die Frage vielmehr, was machen diese Leute, wenn einmal echte Probleme auftauchen?

Solche, wo es nicht um Dreiräder im Kindergarten geht, solche, bei denen Siri und Alexa nicht weiterwissen?

Wo man entscheiden muss und danach die Konsequenzen tragen?

Da müssen Berater her. Verantwortungsträger. Die für uns handeln. Nicht nur in der Kita.

Was dabei raus kommt, das kann man zur Zeit sehr schön im Bundesverteidigungsministerium bestaunen. Da steckt unsere Waffenuschi mittlerweile so tief im Beratersumpf, dass sie selbst der beste Panzer nicht mehr rausbringt.

Weil sie gesagt hat: Entscheidet ihr, dann bin ich nicht schuld.

Wenn die ihre sieben Kinder so erzogen hat, wie sie ihr Ministerium führt, dann war die Polizei oft auf dem Ponyhof.

Eben alles eine Frage der Perspektive.

12.12.2018

DEBATTENKULTUR

Diese Engländer, ha?

Dass sie uns jetzt seit zweieinhalb Jahren mit Brexit-Debatten bei Laune halten, daran haben wir uns ja mittlerweile gewöhnt.

Aber WIE sie debattieren, das überrascht doch immer wieder aufs Neue.

Diese Woche hat im britischen Unterhaus ein Labour-Abgeordneter die Debatte dadurch unterbrochen, dass er den »Zeremonienstab« aus dem Parlamentssaal getragen hat.

Gut, der war nicht lange draußen, nur ein paar Sekunden, aber allein, dass es einen royalen Zeremonienstab im Parlament gibt, ohne den nicht debattiert werden darf, das lässt uns Deutsche aufhorchen.

Man kann sich das in unserem Bundestag beim besten Willen nicht vorstellen.

Ja, ganz früher einmal, da hat es den Herbert Wehner gegeben im Bundestag.

Von dem heißt's, er hat in seinen 34 Jahren keine Sitzung verpasst.

Das könnte man vielleicht indirekt vergleichen mit diesem Zeremonienstab.

Aber die Briten haben ja noch viel mehr, was die Debattenkultur im Unterhaus in London so einzigartig macht. Zwischenrufe und Beifall sind verboten. Zwischen Regierungsfraktion und Opposition gibt es zwei rote Linien auf dem Boden, die keiner übertreten darf und die exakt eine Schwertlänge auseinander sind.

Daran sieht man, dass die Briten einfach eine jahrhundertelange Erfahrung mit Demokratie haben.

Andere Meinungen sind strikt zu respektieren!

Zumindest so lange das Schwert nicht lang genug ist um kurzen Prozess zu machen.

Wunderbar.

Oder dass das britische Unterhaus zwar 650 Abgeordnete hat, aber nur 427 Sitzplätze.

Während wir uns in Deutschland mit Hingabe wahlweise über die gähnende Leere im Plenarsaal ereifern oder über die fehlenden Sitzplätze für die vielen Überhangmandate, habe die Briten ganz pragmatisch gehandelt.

Den Raum einfach überbuchen und wenn der unwahrscheinliche Fall eintritt, dass wirklich alle, alle kommen, dann müssen halt welche stehen.

Womöglich hat sich Ryanair sein Buchungssystem im Unterhaus in London abgeschaut.

Von so viel demokratischer Weisheit sind wir in Deutschland noch Jahrhunderte entfernt. Zumindest in den Parlamenten.

Weil das Unterhaus in London hat in seinem Holz-Leder-Rustikal-Stil auch was von einem Pub und da diskutiert sich's ja bekanntlich am besten.

Beim Bier am Tresen, womit wir beim Stammtisch wären, DER Keimzelle der politischen Willensbildung bei uns. Da fällt der Vergleich mit dem Unterhaus schon viel besser für uns aus.

Am Stammtisch wird auch nicht applaudiert, da ist es auch oft eng und wenn einer das »Stammtisch«-Schild vor die Türe trägt, dann ist die Debatte beendet.

Und was politische Kompetenz angeht, da kann dem deutschen Stammtisch nicht einmal das britische Unterhaus das Wasser oder vielmehr das Bier reichen.

Eben alles eine Frage der Perspektive.

20.12.2018

KOHLE-ENDE

Aus-Äpfe-Amen. Wie der Bayer sagt. Aber um Bayern geht es heute gar nicht, weil es um die Steinkohle geht.

Die endet nämlich heute. Nach Jahrhunderten werden die beiden letzten Zechen im Ruhrgebiet, in Bottrop und Ibbenbüren heute für immer dicht gemacht.

Wenn Sie jetzt sagen: »Das Ende von Kohlebergbau ist immer eine gute Nachricht für das Klima!«, dann stimmt das natürlich nur sehr bedingt.

Weil – die Steinkohle ist ja nicht weg, sie kommt halt jetzt aus Australien, weil man sie da im Tagebau fördern kann oder gleich aus China, weil dort die Arbeit fast nichts kostet und es obendrein wurscht ist, ob ein Schacht den Arbeitern auf den Kopf fällt – weil das halt eben China ist.

Und man darf an so einem Tag zur Steinkohle auch nicht allzu ungerecht sein! Überlegen Sie, was wir der Kohle zu verdanken haben.

Ohne Kohle keine Industrialisierung. Eine Kerze wäre keine weihnachtliche Winterromantik, sondern womöglich immer noch die einzige Lichtquelle in der Nacht.

Aber auch sozial. Die Kohle hat das Proletariat hervorgebracht, das Proletariat die Arbeiterbewegung, die Arbeiterbewegung die SPD …

Gut, lassen wir das.

Nehmen wir den Sport.

Ohne Kohle kein Fußball, behaupte ich. Nicht nur in England.

Schalke, Bochum, Dortmund. Die wurzeln alle im Bergbau.

Darum: ohne Kohle kein Fußball. Im übertragenen Sinne gilt das auch für Bayern. Ob der Hernandez von Madrid kommt oder nicht, das wird davon abhängen, wie viel Kohle die Bayern auf den Tisch legen.

Womit wir bei der Sprache wären.

Nicht nur das Wort »Kohle« verdanken wir dem Wert, den die Kohle hatte.

Auch das Wort »malochen«. Das haben oberschlesische Bergarbeiter von polnischen Juden übernommen und heute ist es DAS Synonym für harte, niedere, körperliche Arbeit, also das, was der gemeine Münchner Schnösel nicht kennt, weil er lieber von der Kohle anderer Leute lebt.

Warum ich das sage?

Weil wir in Bayern auch eine große Bergbautradition hatten. Die oberbayerische Pechkohle.

Von Peiting bis Hausham.

Von der haben wir uns schon vor 50 Jahren verabschiedet und heute ist sie fast vergessen.

Auch für das Ruhrgebiet ist das Ende vom Kohlebergbau oft ziemlich gut ausgegangen.

Wo früher Zechen waren, da sind heute Kulturzentren, Gewerbe und vor allem Wohnungen im großen Stil entstanden.

Besonders, wenn man letzteres bedenkt ist es jammerschade, dass es in München nie Kohlebergbau gegeben hat.

Außer natürlich im Deutschen Museum, aber da haben sich die Fördermengen stets in Grenzen gehalten.

Eben alles eine Frage der Perspektive.

2019

Am 21. Januar gibts eine totale Mondfinsternis zu bestaunen. Doof nur, wenn man dafür extra aufsteht und dann ist es bewölkt.

Der Klimawandel wird in Klimakrise umgetauft und damit das Wetter endgültig politisiert. In Österreich kommt es zur »Ibiza-Affäre«, in deren Folge die Regierung stürzt und extra weit ausgeschnittene Herren-T-Shirts untrennbar mit dem Namen Heinz-Christian Strache verbunden sind.

In Paris brennt die Kathedrale Notre Dame nieder. Die Brandursache soll ja ein defektes Stromkabel aus dem 13. Jahrhundert gewesen sein. Kommentare aus links-woken Kreisen, dass es sich doch »nur« um eine Kirche handele, zeigen, dass Dummheit kein rein rechtes Privileg ist.

Japan bekommt einen neuen Kaiser. In Deutschland regiert Angela Merkel das 14. Jahr.

Was sonst noch war lesen Sie auf den folgenden Seiten.

27.02.2019

BIENENHIGHWAYS

Da kann man aber jetzt mal echt nix sagen.
Das ist schnell gegangen!
Gerade einmal 14 Tage ist das Bienenvolksbegehren her und schon handelt die Regierung Söder.
Bayerns neuer Bauminister Hans Reichhart – haben Sie jetzt grade kein Gesicht dazu? Genau der ist es – hat die Schaffung von Blumenstreifen für Bienen entlang von Radwegen und Landstraßen angekündigt.
Und einen richtig schönen Namen haben die auch.
Achtung!
Im bayerischen Kabinett spricht man von:
»Bienen-Highways.«
Manchmal frage ich mich, ob es wirklich Zufall ist, dass die Worte Kabinett und Kabarett so nah beieinander liegen …
Da kann man jetzt natürlich drüber spekulieren, ob auf den neuen bayerischen »Bienen-Highways« ein Tempolimit gelten soll, wie das mit dem Blütenfeinstaub und der Maut für Hummeln, Hornissen und Wespen geregelt ist, denn schließlich sollen laut bayerischem Bauministerium auf den Bienen-Highways auch andere Insektenarten dort fliegen dürfen.
Aber es geht ja noch um ganz etwas anderes.
Die Bienen-Autobahnen entlang der Landstraßen und Fahrradwege sollen vor allem die Lebensräume der Insekten miteinander vernetzen.
Hoffentlich sagt man das den Bienen auch.
Die müssen ja auch planen.
So eine Vernetzung wirft ja Fragen auf.
»Fliege ich über die Insekten-A 8 vom Wald zur Streuwiese oder ist da Schmetterlings-Stau?

Dann fliege ich besser hinten rum.«

Und da kommt ja noch dazu, dass Bienen kein Navi haben oder Google.

Was meinen Sie, wie sich die verfliegen …

Einmal falsch abgebogen und schon landest du statt auf dem Zwetschgenbaum auf dem Ameisenhaufen oder im Hornissenbau und aus ist's …

Aber das hilft nichts, Bayern ist eben ein modernes Land, das modernste in Europa, nach eigener Einschätzung, da muss auch die Biene ein bisserl mitmachen.

»Summ, summ, summ, Bienlein summ herum«.

So geht das heute nicht mehr!

Was ist mit dem Leistungsgedanken?

Bayern ist ein Top-Wirtschaftsstandort.

Wir retten doch die Biene nicht, damit sie kreuz und quer in der Gegend umeinander fliegt, wie es ihr grade einfällt.

Da müssen klare Flugpläne her.

Wann blüht welcher Baum und wer fliegt da hin? Das muss geregelt sein.

Wer weiß? Womöglich kommt demnächst eine bayerische Bauordnung für Bienen-Waben.

Und was ist mit der Bienenkönigin?

Die Monarchie ist in Bayern vor hundert Jahren abgeschafft worden.

Gut, das könnte man machen wie bei den Wittelsbachern. Mit einem Ausgleichsfonds.

Dafür verzichtet die Bienenkönigin auf den Thron und macht's wie der Prinz Poldi.

Der fährt Auto-Rennen.

Womit wir wieder beim Bienenhighway wären.

Eben alles eine Frage der Perspektive.

14.03.2019

FRIDAYS FOR FUTURE

Ich bin ja ein bisserl anders.
Ich finde es ja gut, dass da bei »fridays for future« Schüler extra die Schule schwänzen.

Weil, wer bayerische Schulen kennt, der weiß schon allein vom Unterrichtsausfall dort: Sooo viel verpasst man nicht, wenn man da mal ein paar Stunden nicht hingeht.

Das mit dem Klima – naja …

Um was geht's konkret?

Wir sind zum Beispiel auf die Straße gegangen gegen die Stationierung von US-Mittelstreckenraketen in Deutschland oder gegen Wackersdorf. Das waren sehr konkrete politische Anliegen.

Deswegen haben uns auch keine Politiker vorgeheuchelt, sie hätten »tiefsten Respekt vor jungen Menschen, die freitags auf die Straßen gehen!« Wie es die Frau Kohnen am Aschermittwoch in Vilshofen gesagt hat.

Um gleich im nächsten Satz zu fordern, das Wahlalter auf 16 Jahre herabzusetzen.

Kühn kalkulierend, dass ihre auf den Hunt gekommene Bayern SPD nach so viel Anbiederung dann eigentlich die Stimmen der 16-Jährigen sicher in der Tasche haben müsste.

Spätestens aber, wenn die *Bundeskanzlerin* anfängt, die Klimademos zu loben, dann sollten die Schülerinnen und Schüler auf der Hut sein und sich fragen:

»Was raucht die Alte?«

Diejenige, die seit Jahren dafür Verantwortung trägt, dass Deutschland seine Klimaziele regelmäßig verfehlt, lobt diejenigen, die dagegen protestieren??

Das ist so entrückt, dass einem der Trump dagegen für einen Moment als messerscharfer Analytiker erscheint.

Zurzeit demonstrieren junge Menschen ja nicht nur fürs Klima. Es gibt auch jede Menge junger Menschen, die gegen die neue Urheberschutz-Richtlinie der EU demonstrieren und für ein freies Internet.

Die lobt kein Politiker.

Im Gegenteil. Die wurden von der EU-Kommission als »Mob« bezeichnet, der den Drachen schonen und den Ritter töten will. Interessante Selbstwahrnehmung der EU-Kommission, nebenbei:

Ein edler Ritter und das aufmüpfige Fußvolk ist der »Mob«.

Aber die Reaktion zeigt, dass die Demonstranten da wahrscheinlich einen wunden Punkt getroffen haben.

Das bräuchte es auch bei den Klimademos:

Den Punkt, wo's inhaltlich sauber weh tut und das nicht nur wegen des Schulausfalls.

Es soll ja Schulen geben, da müssen die Schüler ein Foto von sich auf der Demo an die Schule schicken, mit Uhrzeit, damit belegt ist: Die waren bis eins beim Demonstrieren. Sonst gibt's einen Verweis wegen Schule Schwänzens.

Was machen da Schüler? Sie gehen um elf hin, stellen die Handy-Uhr auf Eins, schicken ein Foto und gehen heim.

Mit denen ist kein Staat zu machen. Und das beruhigt mich!

Eben alles eine Frage der Perspektive.

20.03.2019

NEUE ARTEN

Ich bin ja nicht so der ganz große Schlangenfan. Das muss ich ehrlich sagen. Drum ist es für mich auch keine Knaller-Meldung, wenn ich höre, dass in Bayern am Sylvenstein eine neue Schlangenart entdeckt worden ist. Die Barrenringelnatter.

Gut, jetzt komme ich nicht oft an den Sylvenstein und sie kommt wahrscheinlich nicht oft nach München, insofern ist Platz für uns beide, also – alles bestens.

Für Biologen ist die Sache ganz anders gelagert.

Es handelt sich nämlich bei der Barrenringelnatter um eine – Achtung! – übersehene Art.

Also eine, die schon lange in Bayern lebt, aber bisher noch keinem aufgefallen ist.

Das ist eigentlich nicht schlecht!

Da hätte sich der Wolf ein Beispiel drannehmen sollen. Dann hätte er seine Ruhe.

Oder seinerzeit der »Problembär«, der Bruno. Der ist auch aus Italien eingewandert, wie die Barrenringelnatter, aber dann ist er kreuzfidel durchs Oberland marschiert, durch Dörfer und Vorgärten.

»Servus, i bin's der Bruno«, habt's einmal ein Hendl für mich? Den Honig da, nimm ich auch gleich mit!« Da war der Spaß schnell vorbei. Klar, wer den Bienen was wegnimmt, der ist in Bayern unten durch.

Und heute steht er ausgestopft im Museum, der Bruno.

Hätte sich der in irgendein Gebüsch am Sylvenstein verkrochen und gesagt. »Ich bin gar nicht da!«

Wer weiß, wie groß heute die Freude wäre, wenn man ihn als übersehene Art entdecken würde …

Andererseits kann Zurückhaltung in der Natur auch gefährlich sein. Nehmen's die Galapagos-Riesenschildkröte. Den »Lonesome George«, wenn Ihnen der noch was sagt.

Der hat da über hundert Jahre lang völlig unauffällig seinen Salat in Zeitlupe vor sich hin gekaut, dann ist er wieder ein paar Schritte gegangen, hat irgendwo ein Blatt abgezupft, gemächlich weitergekaut …

Und irgendwann haben dann Menschen Ziegen auf die Insel gebracht, die haben den Salat vom George gesehen und bevor er überhaupt sein Maul aufgekriegt hat, war der Salat auch schon ratzekahl aufgefressen.

Da ist dem George nichts anderes übriggeblieben, als auszusterben. Das hat er dann 2012 auch konsequent gemacht.

Drum sage ich, Zurückhaltung zahlt sich nicht unbedingt aus.

Der Münchner hat's ja ähnlich gemacht. Der hat auch zu den Immobilienspekulanten jahrzehntelang gesagt, ja, kauft's nur, baut's nur, saniert's ruhig, macht's, was geht. Und jetzt steht er da und fragt sich: Wo ist meine Stadt geblieben?

Gut, einen Vorteil hat der echte Münchner gegenüber anderen Arten:

Er ist so grantig, dass er auch in kleinsten Populationen auf keinen Fall übersehen wird.

Eben alles eine Frage der Perspektive.

28.03.2019

FRANZISKUS UND DIE BESCHEIDENHEIT

Haben Sie das auch gesehen, diese Woche?
»Papst Franziskus lässt den Fischerring nicht küssen.«
20 Mal hintereinander hat der Argentinier da in Loreto Gläubigen seine Hand weggezogen, als die versucht haben, seinen Ring zu küssen.
No – No – No.
Direkt grantig geschaut hat er dabei, wo Katholiken versucht haben, dem alten Brauch zu folgen, nach dem man den Fischerring des Papstes küsst.
Nicht weil man ihn schön findet oder ihn mit gewaltiger Fingerfertigkeit vielleicht sogar klauen will, sondern, weil das heißen soll, dass man den Papst als direkten Nachfolger Petri anerkennt.
Das hat ihm nicht gepasst, dem Franziskus.
Erst haben manche gedacht, ja womöglich hat er Angst vor Bakterien, schließlich ist er in der Fastenzeit ja eh geschwächt, aber nein, der Grund war, dass er von solchen Ritualen nichts hält.
Die Gläubigen sollen lieber beten, meint er.
So, als wäre das kein Ritual.
Aber das macht dieser Papst ja gerne, sich inszenieren als die personifizierte Bescheidenheit.
Sein Fischerring ist ja auch nicht aus Gold wie die seiner Vorgänger. Der ist aus Silber und nur vergoldet. Dann ist ja alles gut.
Er lässt sich auch nicht mit der schwarzen Mercedes-Limousine fahren, sondern mit'm weißen R4.
Dass er den nur hat, weil ihm den ein römischer Pfarrer zum Amtsantritt geschenkt hat, um sich die Verschrottungskosten zu sparen, egal.

Die Geste zählt.

Auch wenn er auf dem Petersplatz Zelte aufstellen lässt um die Obdachlosen zu speisen. Schöne Geste.

Dass sich die römischen Gemeinden seit jeher um die Obdachlosen kümmern und das auch wie am Schnürchen klappt. Geschenkt. Hauptsache die ganze Welt sieht: Dieser Papst ist bescheiden.

»Bescheidenheit ist die schlimmste Form der Eitelkeit!« … Wie komme ich jetzt da drauf?

Das hat Charles de Foucauld gesagt, ein französischer Priester und Eremit, der ausgerechnet von Papst Benedikt XVI. selig gesprochen worden ist.

Ein Papst, dem man gut zuhören konnte wenn er redet.

Das gelingt bei Franziskus auch nicht immer.

Formulierungen wie »Wir müssen die Kultur des Missbrauchs bekämpfen!« sind wahrscheinlich gut gemeint, aber eben auch nicht mehr und bei seinen mitunter bizarren Einlassungen zur gleichgeschlechtlichen Ehe denkt sich der aufgeklärte Mensch auch eher: »Si tacuisses …«

Wenn man der katholischen Kirche ihren Hang zum Prunk vorwirft, ihr Gold und ihre Protzbauten, dann denke ich mir immer wieder:

Klar, im Anfang war das Wort, aber dann ist auch gleich der Protzbau gekommen und mit dem Protz die Ehrfurcht vor dem Wort.

Von nix kommt nix, sagt der Bayer.

Aber der Franziskus ist ja Argentinier.

Eben alles eine Frage der Perspektive.

04.04.2019

WAS IST GESUND?

Heute gibt's zur Abwechslung mal eine ganz unerwartete Meldung.
Die Deutschen ernähren sich gesund.
Ich will jetzt nicht sagen zu gesund, aber immer gesünder.
Wer das sagt? Eine neue Studie, die diese Woche in einer englischen Fachzeitschrift erschienen ist. Und in England, da versteht man was von gutem Essen!
Gesund ist das übliche:
Viel Gemüse, Vollkornbrot, Obst und jaaa kein Zucker. Außer er ist im Obst. Ein Apfel enthält genauso viel Zucker wie Cola pro 100 g, trotzdem gilt der Apfel als gut und das Cola als böse.
Interessant eigentlich.
Aber der durchschnittliche Deutsche hat ja sowieso ein ganz eigenes Verhältnis zum Essen. Die Lust am guten, genussvollen Essen und Trinken ist in Deutschland ungefähr so ausgeprägt wie Wasserfälle in der Wüste oder Bikinimoden in Sibirien, also eher marginal.
Was der Deutsche viel lieber hat, ist ein schlechtes Gewissen. Drum will er alles richtig machen.
Wenn jemand über ein ausgeprägtes kulinarisches Selbstbewusstsein verfügt, der kauft eh keinen Dreck, weil er Freude dran hat einzukaufen und dann was Tolles draus zu machen.
Der Deutsche argwöhnt da lieber vor sich hin: Was könnte drin sein, ist das auch alles bio? Was bio dann genau heißt, das ist schon wieder nicht mehr sooo wichtig.
Ich habe das neulich auf dem Bauern-Markt in München-Schwabing erlebt. Fragt so ein Gschaftlhuber, so ein Hobby-Ökotrophologe den Bauern:

»Was ist das denn für ein Dinkel in Ihrem Dinkelbrot?« Der Bauer hat vermutlich gedacht, die Frage ist als Scherz gemeint und geantwortet: »ja der wo halt bei uns hinterm Haus wachst!« Darauf der Freizeit-Experte: »Ach so, ja, dann … nee, danke!«

Keine Ahnung, was er gerne für einen Dinkel gehabt hätte … Mega-öko-Ur-Dinkel. Mit Darmgesundheitsgarantie? Ich weiß es nicht.

Aber solche Typen erlebe ich oft. Menschen, wo ich das Gefühl habe, sie würden am liebsten mit einem lebensmittelchemischen Labor »to go« einkaufen gehen, mit dem sie noch auf dem Markt alles untersuchen können, ob es auch den neuesten ernährungswissenschaftlichen Erkenntnissen genüge tut.

Gut. Da kann man sagen, sind halt Großstadt-Neurotiker.

Aber die Frage bleibt: Was ist gesund?

Es gibt ja das berühmte französische Paradoxon. Kennen Sie?

Das besagt: Am ältesten werden die Menschen in Südwest-Frankreich, obwohl sie sich vornehmlich von Gänsen, Enten und Rotwein ernähren.

Aber die sitzen halt auch einmal einen ganzen Nachmittag auf der Bank vorm Haus und schauen nur. Das würde ein Deutscher vermutlich gar nicht aushalten.

Vollkornbrot ist sicher nicht ungesund, aber Gelassenheit ist womöglich noch viel gesünder.

Eben alles eine Frage der Perspektive.

11.04.2019

EINSCHLAFEN MIT IKEA

Es gibt immer wieder Dinge, die glaubt man einfach nicht. Zum Beispiel, dass Dieter Bohlen ein Buch geschrieben hat. Oder dass der Söder plötzlich öko geworden ist. Weil man sich einfach nicht vorstellen kann, dass das stimmt. Aber die folgende Geschichte, die stimmt, obwohl sie wirklich klingt wie ausgedacht zum 1. April.

Ikea, die mit Penetranz und Preisschraube dafür gesorgt haben, dass bei fast jedem ein kleines Stück Skandinavien-Feeling daheim rumsteht, Ikea hat einen Podcast herausgebracht, der beim Einschlafen helfen soll.

Darin lesen ein Mann oder wahlweise eine Frau zu langsamer Entspannungsmusik Ikea-Produktnamen vor. Eine knappe halbe Stunde lang.

Ikea sagt dazu, dass sie als Experten Menschen dazu inspirieren wollen, eine gesunde Schlafumgebung zu schaffen, damit sie erfrischt und ausgeruht in den Tag gehen können. Zitat Ende.

Man könnte es auch kürzer sagen: Wer von Ikea träumt, der kauft auch Ikea. Und wer bei Ikea nicht nur vom Kaufen, sondern auch vom Zusammenbauen träumt, der kriegt einen Alptraum gratis mit dazu.

Aber so negativ darf man das nicht sehen in der heutigen Zeit. Solche Ideen muss man nützen.

Nimm zum Beispiel die SPD.

Da weiß keiner mehr, warum er die noch wählen soll.

Wer weiß, mit so einem Einschlaf-Podcast könnten die Sozis das Blatt vielleicht wieder wenden.

Allein das Personal, das die SPD in den letzten Jahren verschlissen hat, füllt locker 24 Stunden Tonaufnahme. Von Herta

Däubler-Gmelin bis Thorsten Schäfer-Gümbel. Brauchts aber gar nicht alle, denn schon beim Namen Scharping fällt garantiert auch der härteste Koffeinjunkie schlagartig in komatösen Tiefschlaf.

Und wenn er morgens aufwacht, dann denkt er, boah, habe ich gut geschlafen, die wähl' ich.

Bei der CSU geht's noch schneller. Da reicht ein einziger verkehrspolitischer Vorschlag vom Scheuer Audi … Andi, dass jeder sagt, gähn, da schlaf ich lieber eine Runde. Und beim Aufwachen sagt man sich, es geht halt einfach nix übers Auto!

Da bekäme der Begriff Auto-Suggestion auch eine völlig neue Bedeutung.

Reindrücken will uns heute ja sowieso jeder irgendwas.

Nicht nur schwedische Möbelhäuser, auch schwedische Klimaaktivistinnen.

Die Greta ist ja mit der Grund, warum Ikea jetzt ein Möbel-Abo plant. Wegen der Nachhaltigkeit.

Nicht mehr kaufen, abwohnen und wegschmeißen, sondern leasen, pflegen und zurückgeben. Und dann schmeißt es Ikea weg.

Ihr Vorteil: Sie haben ein gutes Gewissen. Und das ist bekanntlich ein sanftes Ruhekissen. Gibt's demnächst womöglich auch bei Ikea. Sanfte Ruhekissen mit gutem Gewissen. Und nennen tun sie's Greta. Ich trau's ihnen zu.

Eben alles eine Frage der Perspektive.

29.05.2019

BAYERNKURIER AM ENDE

Es kann so schnell geh'n, heutzutage.

Gestern noch Lichtgestalt, heute schon auf dem Weg zum Abstellgleis. Das hat Annegret Kramp-Karrenbauer diese Woche erleben müssen. Bis Sonntag Hoffnungsträgerin der Union, hoch gehandelte Schattenkanzlerin und nur EINEN Tweet später – »klöcknert« sie.

»Klöcknern« ist, wenn man von der Wein-Königin zur Lach-Nummer wird.

Dabei hat AKK doch nur gesagt, was die Granden in allen Parteizentralen der sogenannten Altparteien denken.

Darf der das einfach so, dieser Rezo??

Einfach in einem Video zur Zerstörung der CDU aufzurufen und die SPD gleich mit in den Abgrund reißen?

Kann man da nicht irgendwie einen Riegel …?

Und man muss es ehrlich sagen: Überfordert waren andere auch.

Und zwar damit, dass da ein Youtuber einfach so seine Meinung kundtut, dafür Klicks im zweistelligen Millionenbereich bekommt.

Womöglich hat der hunderttausende junger Leute politisch aufs Gleis gesetzt, ohne vorher in den Parteizentralen nachzufragen, ob das so in Ordnung geht.

Armin Laschet, der Ministerpräsident von NRW, hat gesagt: »Wir brauchen Antworten auf das Phänomen Rezo!«

Oder eben nicht mehr, möchte man anfügen.

Vielleicht kommt eine Zeit, in der es politisch ohne CDU und SPD weiter …

Die SPD ist ja im Grunde nur noch einen Schulz-Zug davon entfernt.

Nur einer hat's kapiert!
Und wer? Ha?
Der Marggus. Unser Dienstleistungs-Ministerpräsident Söder, der den Wähler besser kennt als der sich selbst.
Drum ist er ja auch CSU-Chef und als solcher hat er jetzt entschieden: Der Bayernkurier kommt weg.
»Relativ hohe Kosten bei relativ geringem publizistischen Mehrwert«, heißt es aus der Parteizentrale.
Zu deutsch: Kostet ein Schweinegeld und lesen tut ihn keine Sau. Stattdessen soll es verstärkt online-Angebote geben ...
Das nenne ich konsequent!
Die CSU wird digital und aus dem Bayernkurier wird ein weiß-blauer Rezo.
Angeblich soll sich der Scheuer Andi schon eine blaue Perücke und einen orangen Kapuzenpulli besorgt haben.
Damit holt sich die CSU dann die Klicks der Jugend! Ich schätze 50, wenn's gut geht plus x. Denn das begeistert die »digital natives«, die Generation Y, wenn es heißt Bayernkurier plus Rezo ist gleich Bajazzo.
Klingt nach Possenreißer, nach Hanswurst mit Narrenkappe oder gleich nach dummen August.
Und womöglich kommt ja genau der dabei raus, wenn die Politik jetzt anfängt, gefallsüchtig der Jugend und ihren Youtubern nachzulaufen.
Darum zur Erinnerung:
Es soll angeblich auch noch eine Welt jenseits von social media geben!
Eben alles eine Frage der Perspektive.

Bayernkurier am Ende

07.06.2019

EUROPA IST WEG

Es gibt so Dinge, die sind dann einfach irgendwann weg und keiner weiß, wo sie hin sind.

Zum Beispiel Socken in der Waschmaschine. Das ist der Klassiker.

Oder Europa. Komplett von der Bildfläche verschwunden. Redet kein Mensch mehr drüber. Nur zwölf Tage nach der sogenannten »Schicksalswahl«.

Irgendjemand scheint uns da komplett verarscht zu haben, oder?

Weil, wenn unsere Politiker im Moment was zu interessieren scheint, dann ist das eher ihr eigenes Schicksal. Vielleicht haben Sie das gemeint, wo sie gesagt haben, »Die Europawahl ist eine Schicksalswahl«?

Drum darf sich jetzt auch das ganze Land mit dem Wundenlecken der Parteien nach dem Wahlergebnis beschäftigen …

So als könnte uns Bürgern das nicht ziemlich wurscht sein, wie die CDU mit kritischen Youtube-Videos zurechtkommt und die SPD mit ihrem Dauerthema »der Untergang«.

Ist ja aber andererseits auch viel besser, wenn wir das alles nicht so genau mitbekommen, wie in Brüssel jetzt die Weichen für das nächste halbe Jahrzehnt EU gestellt werden.

Das geht ja schon beim Personal los.

Zum Beispiel der Kommissionspräsident und das schöne Märchen »Manfred Weber – Es war einmal ein Spitzenkandidat«.

Oder damit aufs engste verbunden:

Wer wird neuer EZB-Chef nach dem Kredit-Dealer Draghi?

Weidmann, Villeroy, Rehn, Liikanen?

Man kennt die Namen kaum.

Dabei hat diese Entscheidung auf unser Leben womöglich mehr Einfluss wie sämtliche Klima-Gretas und Youtube Rezos zusammen.

Wie geht es weiter mit dem Euro?

Schwierig.

Da war der blinde Europismus vor der Wahl doch viel geschmeidiger.

Bei mir in Schwabing hat sich sogar eine Modeboutique-Besitzerin bemüßigt gefühlt, ihr Schaufenster zuzukleben mit dem Spruch »Mach Dein Kreuz für Europa!« In allen Sprachen Europas.

Also Englisch und Deutsch.

»Mach Dein Kreuz für Europa.«

Das hat was Pseudoreligiöses. Kreuz. Klingt nach Kreuzzug.

Und das Gefühl hatte man ja auch vor der Wahl: Entweder du bekennst dich ohne Wenn und Aber zu Europa oder du wirst als Nationalist angeklagt und kommst vor die Europa-Inquisition – und dann gnade Dir Gott!

Dabei ist Europa doch zuerst einmal ein Erdteil und kein politischer Kampfbegriff.

Ich meine, klar, im Wahlkampf wird immer stark vereinfacht. Wahlkampfslogans sind mitunter sogar richtig deppert.

Aber was bei der Europawahl geboten wurde, das wird auch in Zukunft schwer zu toppen sein.

Wie hat die SPD plakatiert?

»Freuropa«

Verständlich, dass sie da nach der Wahl sehr schnell nichts mehr davon wissen wollten …

Eben alles eine Frage der Perspektive.

27.06.2019

HABECK IN OBERBAYERN

»Mir ist ein Ägypter aus Kairo lieber wie ein Bayer von der Alm.«

Ein dummer Satz.

Wenn der Habeck von den Grünen so was sagt, dann: Einreiseverbot! Pfui Deifi!

Das Problem ist nur, der Satz ist so nie gefallen. Zumindest hat ihn der Robert Habeck nicht gesagt.

Drum ist er auch völlig problemlos eingereist, am Dienstag nach Bayern. Mit dem Zug! Nach Peißenberg.

Die Gegendemonstranten haben ihn gar nicht bemerkt. Er war auch nicht grün. Also im Gesicht oder hinter den Ohren oder was …

Er war ganz normal.

Gut, a Preiss' is er. Aber als solcher fällt man in Bayern schon lange nicht mehr auf. Schon gar nicht in Preissenberg … äh Peißenberg.

Die alte Bergarbeitergemeinde ist an Zuwanderung schon immer gewöhnt.

Und der Habeck war ja auch nur eine Stunde da. Dann hat er wieder wegmüssen. Damit er den Nachtzug nach Hannover erwischt.

Und ein Preiss, der nach einer Stunde schon wieder weg ist, ja, der ist uns doch der Allerliebste!

Drum waren auch 2500 Leute da. Also nicht Gegendemonstranten, Zuhörer.

Das muss man sich vorstellen:

In einem Bierzelt(!) in Oberbayern(!) zieht ein Grüner(!) aus Schleswig-Holstein(!) 2500 Leute.

Und die jubeln.

Das wenn der Strauß ‚noch erlebt hätte! Der hätte Bayern glatt verkauft und sich mit einem Pfund Weißwürsten in Togo zur Ruhe gesetzt.

Und was noch erschwerend dazu kommt: Peißenberg ist die Heimat von …?

Genau Alexander Dobrindt.

Dass da am politischen Abend von der Hundert-Jahr-Feier der Gemeinde ein Grüner redet, das lässt den Ausländer-Maut-Satz vom Seehofer »Ein Alexander Dobrindt scheitert nicht!« noch mal in einem ganz anderen Licht erstrahlen.

Also wenn ich die CSU wäre, täte ich langsam echt nervös werden.

Zumal es an den Inhalten ja nicht liegen kann.

Zu bieten haben die Grünen ja eher wenig Konkretes.

Es geht ums Gefühl. Die Leute spüren, wenn sie die Grünen wählen, dann beruhigt sich ihr Gewissen und das Wetter beruhigt sich auch. Oder war's das Klima? Oder beides. Egal.

Wegen dem Gefühl hat sich der Habeck ja auch gleich noch eine Lederhose angezogen, da im Bierzelt in Peißenberg.

Um auch die letzten Skeptiker zu besänftigen.

»Seht her, ich habe nichts gegen Bayern von der Alm. Ich trage sogar ihr angestammtes Beinkleid.«

1919 waren es die Bayern von der Alm, die Werdenfelser Freicorps, die das rote Peißenberg als erstes überrannt haben, bevor sie nach München weitergezogen sind.

Das soll nichts heißen.

Im Unterschied zum Habeck haben DIE in München nämlich nicht den Nachtzug nach Hannover erwischen wollen.

Eben alles eine Frage der Perspektive.

05.07.2019

VON DER LEYEN

Ja so was! Wer hätte das gedacht. Die Panzeruschi wird Kommissionspräsidentin.
Ein Kompetenz-Gau.
Ursula von der Leyen, die unfähigste Ministerin, die sie in Berlin finden konnten, wandert an die Spitze der EU.
Vielleicht fragen sie sie noch, ob sie mit der Gorch Fock nach Brüssel fahren will.
Wer weiß, wen die in ihr Kompetenzteam holt?
Stoiber als Finanzberater zum Beispiel. Fähiger Mann. Ich sage nur Landesbank. Oder gleich den Bürgermeister von Würselen. Martin Schulz!
Der hat ja schon vor der Wahl plakatiert:
Europa ist die Antwort!
Jetzt wissen wir auch, was die Frage war:
Wo umsegelt man das Parlament besonders dreist?
Europa ist die Antwort.
Dabei ist die Personalie »von der Leyen« ja eine klassische Win-win-Situation:
Die Merkel hat sie los und der Macron kann sich brüsten, dass er Manfred Weber verhindert hat!
Und vor allem – und das ist ja der wahre Hintergrund – haben die Rüstungslobbyisten aus Frankreich und Deutschland jetzt eine Lobbyistin reinsten Wassers an der Spitze der EU-Kommission sitzen.
Schließlich brauchen wir ein europäisches Militär. Klar, wie sollen wir sonst den nächsten Krieg gewinnen?
Gut, da kann man jetzt noch sagen, wenn die von der Leyen sich für die Euro-Armee an der Bundeswehr orientiert, dann wird's schon beim Bekämpfen von Waldbränden eng,

aber die Uschi ist ja nicht die einzige fragwürdige Personalie in Brüssel.

Parlamentspräsident ist der Weber nämlich auch nicht geworden. Sondern ein ehemaliger italienischer Nachrichtensprecher: David Sassoli.

Wer weiß, vielleicht wird Marietta Slomka auch noch was in Brüssel? So eiskalt wie die rüberkommt, könnte sie was gegen die Erderwärmung tun.

Nein, Spaß.

Ein Italiener an der Spitze des EU-Parlaments ist wichtig, um dem Salvini was entgegenzusetzen.

Hätte die EU in der Flüchtlingsfrage früh und konsequent gehandelt, hätten sie das Problem Salvini zwar heute vermutlich gar nicht, aber so geht's natürlich auch.

Dazu dann noch Christine Lagarde als EZB-Chefin.

Dann geht die Nullzinspoltik weiter, bis die Geldentwertung endlich anspringt und der Euro zur italienischen Lira wird.

Sie merken, ich bin zuversichtlich, was die nächsten fünf Jahre EU angeht.

Und wenn Sie mich jetzt fragen, was ich am schlimmsten finde: von der Leyen, Lagarde oder Flüchtlingspolitik, dann sage ich Ihnen:

Am schlimmsten waren die Hurra-Europisten allerorten, die die EU vor der Wahl religionsgleich hochgejubelt haben und jede Kritik an Brüssel als dumpfen Nationalismus diffamiert haben.

Wenn DIE in Zukunft etwas kritischer hinschauen würden, dann wäre ja zumindest eine Kleinigkeit gewonnen.

Eben alles eine Frage der Perspektive.

25.07.2019

ALLES- ODER NICHTS-TAG

»Alles oder Nichts, hopp oder Topp, jetzt oder nie, Bingo, Schlag ein, trau Dich.«

Nein, ich will Sie heute nicht zum Glücksspiel verführen, ich rede auch nicht von Boris Johnson, Ursula von der Leyen, unserer neuen Brüsseler Gorch Fock oder Annegret Schrott-Panzerschieber, … äh … Kramp-Karrenbauer.

Ich spreche vom Alles- oder Nichts-Tag, der heute begangen wird.

Kommt aus den USA, wie viele dieser schrägen Feiertage vom Tag der Jogginghose bis zum Welt-Lachtag.

Der Alles- oder Nichts-Tag. Ein fürchterlicher Tag für Leute, die sich nicht entscheiden können oder wollen.

Aber so ist das heute. Nutze den Tag, mach was draus.

Man wünscht sich gerne mal »einen erfolgreichen Tag!«, wo ich mir immer denke:

Puh. Was soll denn das wieder heißen? Ich habe doch gar nichts vor.

Alles so Parolen, die einen letztlich doch nur unter Druck setzen. Und das mitten in den Hundstagen, wo man schon um ein schattiges Plätzchen froh sein kann.

Bei 35 Grad im Schatten, was ist da ein »erfolgreicher Tag«?

Einer, wo man eine Million verschoben hat? Oder zwölf Meetings in vier Stunden absolviert?

Oder eher einer, wo man sich mit einer kühlen Halben unter einen Baum in den Schatten setzt und ein bisserl spazieren schaut. Weil es zum spazieren GEHEN viel zu heiß ist?

Ein »Alles- oder Nichts-Tag«, das ist kein bayerischer Feiertag. Das entspricht nicht unserem Naturell.

Der Bayer ist kein Weltverbesserer.

Nicht umsonst sagen ja viele, »passt scho!« wäre die höchste Form bayerischen Lobes.

Unsere Stärke ist der Gleichmut. »Ja mei«, das ist DAS bayerische Mantra.

»Ja mei«, das kann alles heißen: Schade, egal, Nimm's hin, lass mir meine Ruhe, es hilft nichts.

»Ja mei« kann sogar »passt scho« heißen.

Ich will hier aber nicht in die Folklore abgleiten.

Gefährlich wird es nämlich, wenn der Gleichmütige in Aktionismus verfällt. Was in Bayern heute ja der Fall ist. Bayern will Spitze sein, in allem.

Da gibt es dann kein Halten mehr. Da wird jeder Tag zum »Alles- oder Nichts-Tag«. Da wird betoniert, digitalisiert, gentrifiziert, globalisiert, dass kein Auge trocken bleibt.

Und hinterher sentimental der Verlust der Heimat beklagt oder schulterzuckend mit einem »ja mei« kommentiert.

Drum fordere ich heute einen bayerischen Gegenfeiertag!

Den »Schau mer mal dann sehn ma's scho-Tag« oder den »komm ich heut nicht, komm ich morgen-Tag!« am besten beide direkt hintereinander! Dann noch einen fränkischen »basst scho-Tooch!«, einen schwäbischen »rutsch ma d'r Buckl raa«-Tag.

So kommen wir doch entspannt durchs Jahr!

Eben alles eine Frage der Perspektive.

26.09.2019

SEEHOFER-TENNIS

Es wird immer wilder.
Greta fragt, wie könnt ihr es wagen? Ihre Kritiker fragen, was sie sich einbildet, so daher zu reden?
Lindner zieht einen Morgenthau-Vergleich und erntet einen Shitstorm, Manfred Weber sieht schwarz-grün als abgemacht an, den passenden Habeck-Bart hat er schon.
Der wiederum stolpert über die Grundpfeiler der Pendlerpauschale –
Und jetzt ist auch noch Jaques Chirac gestorben …
Wie gut, dass in solch stürmischen Zeiten zumindest auf einen Verlass ist:
Auf Horst Seehofer!
»Es ist unglaublich, dass man sich für die Rettung von Menschen vor dem Ertrinken rechtfertigen muss!«
Der Horst, ein Seenotretter!
Für solche Sprüche wollte er Mutti vor ein paar Jahren noch in den Knast bringen, das war doch »Herrschaft des Unrechts«. Und jetzt spricht er selber so.
Das ist ja schon keine Seehofer-Pirouette mehr und kein Drehhofer, das ist ja schon ein weiß-blauer Tennisball, der wild von einer Ecke in die andere hüpft.
25% der Mittelmeer-Flüchtlinge will er in Deutschland aufnehmen.
25%. Wie viele das sind? Das weiß man natürlich nicht, aber sicher nicht viele. Das weiß der Horst schon.
Er sagt, die CSU müsse sich auf ihre christlichen Werte besinnen und bekommt Zuspruch von SPD, Linken und Grünen. Hat da am Ende der altersmilde Seenot-Rettungskreuzer Seehofer sein Fahrwasser von einst wiedergefun-

den? Wie hat man ihn früher genannt? Einen Herz-Jesu-Sozialisten.

Aus der CSU weht ihm jedenfalls eine steife Brise entgegen.

»Rechtsbruch«, »Wiederholung der Fehler von 2015«. Es soll sogar Parteiaustritte geben.

Und wenn die Flüchtlingszahlen rasant ansteigen, dann fliegen ihm seine 25% womöglich um die Ohren.

Also was treibt ihn an?

Ist es am Ende immer noch die alte Nummer Söder-Seehofer?

Will er dem Markus ein Ei legen, weil ihm Söders steigende Beliebtheitswerte stinken.

Wenn der die CSU beim Klima grün lackiert, dann pinselt der Horst aber bei den Flüchtlingen noch grüner hinterher.

Oder war das Ganze einfach ein Witz?

Humor hat er ja, der Seehofer.

Und so, wie er Deutschland jetzt mit seinem 25%-Vorstoß innerhalb der EU isoliert hat, wird er den wahrscheinlich auch brauchen.

Wer weiß, was er noch in petto hat?

Die SPD sucht einen neuen Vorsitzenden. Und bei so viel sozialdemokratischem Lob für Horst Seehofer – Vielleicht kandidiert er?

Zusammen mit Merkel?

Bevor's der Özdemir macht …

Andererseits – wer mit 25% um sich wirft, der ist in der SPD kein Kandidat für den Parteivorsitz, sondern ein Fall für den Arzt.

Eben alles eine Frage der Perspektive.

10.10.2019

FLUGHAFEN-ICE

Halten Sie sich fest, denn jetzt kommt eine Sensation: In einer Machbarkeitsstudie soll geprüft werden, ob der Münchner Flughafen eine ICE-Anbindung erhalten kann.

Achtung: Schon Ende 2020 – Also – soll die Studie vorliegen. Bis dann der erste ICE fährt, dauert es noch mal 20 Jahre, davon darf man, glaube ich, bei uns in Deutschland jetzt einfach mal ausgehen.

Dann schreiben wir das Jahr 2040 und der Flughafen ist 48 Jahre alt.

Das heißt, wenn unsere Enkel dereinst von einer Weltreise zurückkommen und in München landen, werden sie vielleicht mit dem ICE nach Frankfurt, Berlin oder Wien weiterfahren können, statt zu fliegen. Ja, sag einmal, geht's noch??

Hätte sich da vielleicht mal einer eher an die Planungen setzen können, statt von dritten, vierten und fünften Startbahnen zu schwadronieren?

Da heißt es jetzt, die Fernbahn-Trasse München – Berlin liege sehr weit westlich vom Flughafen, weswegen sich der Bauaufwand einer Schleife womöglich nicht rechnen würde. Entschuldigung: Welches Genie hat denn die neue Schnellverbindung nach Berlin geplant? Da hätte man ja vielleicht damals schon draufkommen können, dass der Flughafen München ein sinnvoller Haltepunkt sein könnte …

Aber klar, man kann natürlich auch erst einmal bauen, dann planen, dann umbauen und neu planen. Dieses Konzept findet ja im Moment bei der sogenannten »2. S-Bahn-Stammstrecke« in München sehr erfolgreiche Anwendung.

Da wagt auch kaum mehr jemand eine ernsthafte Prognose, wann und wie die jemals fertig wird.

Nach der Devise: Umwege bereichern – zumindest die Bauindustrie.

Das Feuchtwanger'sche Motto der Bayern: »Bauen, brauen, sauen« muss endlich konsequent angewendet werden.

Wenn der Flughafen 2040 48 Jahre auf dem Buckel hat, dann passt der doch überhaupt rein gar nicht mehr zum modernsten Land der Welt. Der ist viel zu alt, der muss weg.

Nicht der ICE muss zum Flughafen, der Flughafen muss zum ICE kommen.

Jawoll. Wir brauchen einen neuen Flughafen, auf dem Dach des Münchner Hauptbahnhofs.

Den »Andi Scheuer Airport mit Flugtaxi-Anbindung« der Bahnsteige.

Antizipiert hat diese Idee übrigens kein Geringerer als der geniale Loisachtaler Verkehrsstratege Edmund Rüdiger Stoiber:

Ich zitiere:

»Weil das ja klar ist, weil AUF dem Hauptbahnhof viele Linien aus Bayern zusammenlaufen. Ääääh …« Auf dem Hauptbahnhof! Wörtlich!

Was für eine visionäre Kraft steckt in diesen knappen Worten …?

Das ist ja das Tolle an Bayern:

Wir lachen über Berlin, aber es ist im Grunde ein brüderliches Lachen.

Bei uns funktioniert auch nichts, nur halt auf einem ganz anderen Niveau.

Eben alles eine Frage der Perspektive.

17.10.2019

MESSER-HUBERT

Mein lieber Schwan.

Jetzt hat er aber mal wieder einen rausgehauen, der Hubert!

»Ich bin überzeugt, Bayern und Deutschland wären sicherer, wenn jeder anständige Mann und jede anständige Frau ein Messer in der Tasche haben dürfte, und wir die Schwerkriminellen einsperren!«

Zitot Ende …ääh Zitat Ende.

Was den zweiten Teil der Aussage angeht, da muss ich sagen, da hat er 100% Recht, der Hubert!

Schwerkriminelle im Knast, das bedeutet Sicherheit, ganz bestimmt.

Ob er damit auch den Präsidenten vom Landesjagdverband gemeint hat?

Dazu müsste die Staatsanwaltschaft, die gegen den grade wegen Untreue ermittelt, womöglich einfach nur nachschauen, ob er ein Messer in der Tasche hat.

Dann ist die Wahrscheinlichkeit sehr groß, dass er anständig ist. Sagt zumindest der Aiwanger. Wenn natürlich auch nur indirekt.

Jetzt muss man sagen, wenn man den Hubert ein bisserl kennt, dann weiß man, er haut gerne mal einen raus.

Ich persönlich würde den Text in der Aiwanger-Skala rustikal-skurriler Äußerungen eher im oberen Mittelfeld einordnen. Irgendwo zwischen der »Kifferpartei« Grüne und den »Stasi-Methoden im Kuhstall« zum Kontrollieren von Tierhaltung.

Vielleicht hätte er den Satz auf Englisch sagen sollen.

Vorteil für den Aiwanger: viele Leute hätten ihn dann vielleicht gar nicht richtig verstanden, Vorteil für uns: Der Unterhaltungswert wäre noch höher gewesen.

Ihm sein bayerisches Englisch vorzuwerfen ist wohlfeil, aber der Hubert war schon besser!
Darum gehts.
Erinnern sie sich, was er zu den Koalitionsverhandlungen letzten Herbst gesagt hat?
»Wenn die CSU glaubt, sie kann uns über den Tisch ziehen, dann soll sich der Söder einen Dümmeren suchen – Achtung, jetzt kommts – WENN ER EINEN FINDET!«
Das sind doch Knaller.
Dagegen sind doch »Messer in den Taschen der Anständigen« Trockenskikurs!
Wobei es ja schon interessant ist, wo du überall NICHT hinkommst, wenn du ein Messer in der Tasche hast:
Oktoberfest?
Vergiss es.
Flugzeug?
Ausgeschlossen.
Anständige Leute fliegen nicht. Das wollte uns der Hubert Aiwanger mit diesem Satz zu verstehen geben.
Der Flugscham-Hubert. Die männliche Greta Thunberg der bayerischen Staatsregierung.
Da braucht die grüne Grinsekatze Schulze doch nicht aufjaulen »mittelalterlich!«.
Das war ein verstecktes Koalitionsangebot der Freien Wähler an die Grünen!
Zumal ja noch eine interessante Botschaft in dem Satz steckt.
Bayern UND Deutschland hat er gesagt, der Aiwanger.
Da fragt der aufmerksame Zuhörer doch sofort:
Ist es soweit?
Kommt die Eigenstaatlichkeit Bayerns zurück?
Und wer wird König?
Das ist ganz einfach:
Der Anständigste! Und den erkennt man am größten Messer.
Eben alles eine Frage der Perspektive.

06.11.2019

SIEGERPOSE

Nichts wie weg.

November, das ist die beste Zeit um in Urlaub zu fahren, sagt die Reisebranche. Da ist's überall leer. Da gibt's günstigste Angebote. Und Sie haben noch einen weiteren Vorteil: Sie sparen sich den 9. November.

Der Tag, an dem die Deutschen alles auf einmal sind: Hoffnungsfrohe Weimarer Demokraten, grausigste Nazis und freudetrunkene Mauerstürmer.

Heuer sind wir in erster Linie letzteres, weil sich der Mauerfall zum 30. Mal jährt und die Mauer damit bereits zwei Jahre länger weg ist, als sie überhaupt gestanden hat.

Wenn das kein Grund zum Feiern ist …

Also ich weiß nicht.

Dass da jetzt nach drei Jahrzehnten noch immer die ganzen schrägen Geschichten vom Verbrecher- und Unrechtsstaat DDR erzählt werden, dessen 17 Millionen Bewohner 28 Jahre lang verzweifelt an der Mauer hingen mit dem einzigen Wunsch »wir wollen hier raus!«, weil sie gezwungen waren, zwischen Stacheldraht und Minenfeld ein trostloses Dasein zu fristen, was soll das?

Das ist die Geschichtsschreibung der Sieger, die mit zunehmendem Abstand zu den Ereignissen erheblich an Lächerlichkeit gewinnt.

Ich zitiere:

»Dass wir nicht nach Amerika reisen konnten, sondern nur nach Ungarn oder Bulgarien, hat nicht jeden Tag bestimmt!«

Wer das sagt?

Wenn ich mir die Fernsehprogramme der letzten Wochen anschaue, dann kann das nur ein unverbesserlicher Ostalgiker sein, einer der die DDR in der Rückschau verklärt, weil er mit seinem heutigen Leben unzufrieden ist. Ein Wutbürger und AfD-Anhänger.

Und wer hat's jetzt gesagt?

Die Bundeskanzlerin. Diese Woche, im großen Interview.

Öha. Ist die Mutti am Ende ein Fall für den Verfassungsschutz?

Das dann doch nicht.

Es ist wohl eher der klägliche Versuch, sich an verlorene Wählerschaft im Osten ranzuwanzen, aber es klingt ehrlich und das ist nicht schlecht.

Statt uns zum gefühlt hundertsten Mal die Räuberpistolen von illegalen Fluchten in Ballons, Koffern oder selbstgegrabenen Tunnels aufzutischen wäre es höchste Zeit, mit derselben Verve darüber zu reden, wie scheißegal den meisten hier im Westen die DDR war. Wie geldgeil die Kohl'schen Wiedervereinigungsprofiteure an der Mauer drauf gelauert haben, den Osten über den Tisch zu ziehen und wie genervt wir waren, als vermeintliche »Zonenzombies« über unsere Läden hergefallen sind.

Noch was hat die Kanzlerin gesagt, im Interview:

Dass es ein ganz normales Leben gab in der DDR, mit Freude, Trauer, Liebe, Glück, Pech und – Achtung – Vorsicht vor dem Staat.

Heute vertraut der deutsche Durchschnittsmichel seiner Obrigkeit so blind, dass jeder kritische DDRler gesagt hätte: Der muss bei der Stasi sein.

Eben alles eine Frage der Perspektive.

12.11.2019

MÄNNERVEREINE

Sind Sie in einem Verein? So wie 36 Millionen andere Deutsche? Und? Ist das ein Männergesangverein? Oder ein Frauen-Ruder-Club? Dann geht's Ihrem Verein womöglich bald finanziell an den Kragen.

Zumindest, wenn es nach Olaf Scholz geht.

Der will ja Vereinen, die nur ein Geschlecht zulassen, die Gemeinnützigkeit entziehen. Dabei beruft er sich auf ein Urteil des Bundesfinanzhofes, wonach solche Vereine nicht auf dem Boden der freiheitlich demokratischen Grundordnung stehen.

Ich bin so froh, dass unser politisches Spitzenpersonal einen so klaren Blick für die wirklich wichtigen und bedeutsamen Dinge des Landes hat.

Ich habe das nämlich schon lange vermutet, dass ein Frauenchor nichts anderes im Sinn hat als der Allgemeinheit zu schaden, wenn er keine Männer aufnimmt.

Krasse Verfassungsfeinde sitzen demnach womöglich auch in Oberau. Dort gibt es nämlich einen Bartverein und da werden NUR Männer aufgenommen! Klarer Fall von Alpen-Taliban. Zumindest aus der hanseatischen Perspektive eines Olaf Scholz. Was beim Bartverein noch erschwerend hinzu kommt: Frauen wollen da gar nicht Mitglied werden.

Davor darf ein beherzter Sozialdemokrat nicht zurückschrecken! Manchmal muss man die Menschen zu ihrem Glück zwingen.

Frage an Olaf Scholz: Können dann Frauen den Nikolaus-Bart, den sie sich zwecks Vereinsmitgliedschaft im Bartverein anschaffen, von der Steuer absetzen? Und was ist mit dem Verein »Filserbuam« in München? Welche Frau hat da nicht drauf gewartet, endlich als Filser BUA durch's Leben gehen zu dürfen.

Mit ihren Spendeneinnahmen tun solche Vereine übrigens viel Gutes, für Frauen, Männer und alles was dazwischen ist. Daher auch die Steuerbegünstigungen.

Aber egal: Als designierter SPD-Chef im Wahlkampf um den Vorsitz, da kann man schon mal einen raushauen, wobei ich mich schon frage: wo hat Olaf Scholz die Haare her, an denen er seine Schnapsidee herbeigezogen hat?

Wie wäre es, wenn demnächst eine Knalltüte von der anderen Fraktion fordert, Parteien, die weder Wähler noch Parteivorsitzende haben, den Status »politische Partei« und die damit verbundenen Steuervorteile zu entziehen?

Jubelt dann der Bundesfinanzminister Scholz über die neue Steuerquelle und gratuliert dem SPD-Oberen Scholz zu seinen Verdiensten rund um das Projekt: »Versenkt die SPD«?

Scholz ist übrigens nicht nur in der SPD, sondern auch im Hamburgischen Anwaltsverein, der Arbeiterwohlfahrt, dem ASB und in einem Ruderclub.

Eine weitere Vereinsmitgliedschaft wäre ihm baldmöglichst zu empfehlen.

Es handelt sich um einen politischen Traditionsverein bei missratenen Vorstößen.

Der Zurück-Ruder-Club der vereinten Wahlkämpfer Deutschlands.

Offen übrigens für alle Geschlechter, von Männern aber deutlich am öftesten benötigt.

Eben alles eine Frage der Perspektive.

11.12.2019

GRÜNE NUMMERN

Die Welt ist gerettet. Vilshofen hat grüne Hausnummern. Das hat der Stadtrat am Mittwoch beschlossen. Klimaschützer dürfen in Zukunft ihre Häuser mit grünen Nummern versehen, vermeintliche Klimasünder bleiben blau. Was – natürlich nur rein zufällig – auch gleich die Farbe der AfD ist.

So ist es recht!

Wer ein E-Auto in der Garage hat: grün, wer Diesel fährt: blau. Dass ein E-Auto eine beschissene Klimabilanz hat, schon wegen der Batteriefrage – scheißegal. Wir retten schließlich die Welt, drunter macht's eh keiner mehr.

Wer einen Komposthaufen hat: grün, wer im Frühjahr später mäht: grün, wer öffentlich fährt: grün, der Rest blau!

Gut, bei dem lächerlichen Angebot an öffentlichem Nahverkehr auf dem Land kann sich der Blaue zumindest damit trösten, dass er oder sie wenigstens ankommt, wahrscheinlich sogar wieder daheim ist, während der grün »Behausnummerte« immer noch an der Bushaltestelle wartet, aber sonst?

Man könnte ja dann noch viel weiter gehen.

Im digitalen Zeitalter ist es doch problemlos möglich, das gesamte Persönlichkeitsprofil allein aus der Internet-Nutzung auszulesen. Warum nicht gleich Tafeln außen aufs Haus, wo draufsteht, wie oft wer was bei Amazon geshoppt hat, Stromverbrauch, Müllaufkommen, Heizverhalten.

Wer sich nichts zuschulden kommen lässt hat schließlich auch nichts zu verbergen, oder? Und das alles nur zum Wohle des Sozialismus … pardon, des Klimas natürlich.

Stalin sieht alles, Greta übrigens auch.

Es ist verrückt. Deutschland ist und bleibt nicht der Dreh- und Angelpunkt des Weltklimas. Ob Vilshofen oder sonst eine

Kleinstadt ihren Rasen im April oder im Mai mäht, das wird das Welt-Klima so was von gar nicht beeindrucken, aber man kann es sich ja zumindest einbilden, dann ist das Gewissen beruhigt und das ist gut fürs persönliche Klima.

Punkte sammeln ist was, was der Deutsche eh gerne macht. Egal ob bei Rossmann, bei Rewe oder beim Klima.

Die Chinesen sind da übrigens schon viel weiter. Da gibts schon für alles Punkte vom Staat. Für Fleiß am Arbeitsplatz, richtiges Essen, das Beachten roter Ampeln. Und je nach Punktestand kann sich der Chinese dann am Fahrkartenautomaten ein Ticket für den Wochenendausflug kaufen oder der Automat sagt halt: nein.

Da könnten wir doch was lernen. Überall Kameras aufstellen, alles überwachen, bis auch die letzte Umweltsau die kleinen Metallklammern aus den Teebeuteln herausmacht, sammelt und getrennt mit dem Fahrrad zum Wertstoffhof fährt.

Dann ist die Welt gerettet. Nur das soziale Klima ist vergiftet, aber darum geht's ja nicht.

Eben alles eine Frage der Perspektive.

2020

C-O-R-O-N-A.
Wer auf einer Parkbank ein Buch liest, ist fällig. Zumindest in Bayern. Markus Söder wird Chef vom Team »Vorsicht«. Später dann vom »Team »Eigenverantwortung«.
Döner-Essen mit Söder verlost er 2020 noch nicht.
Der Terror machte vor dem Virus nicht halt. Mord-Anschläge in Hanau, Nizza und Wien. Die »Lindenstraße« überlebt Corona nicht und verschwindet nach 35 Jahren aus dem Fernsehen. Der Aufschrei kommt ebenso zuverlässig wie das anschließende Vergessen.

Die Wissenschaft stellt fest: In der letzten Eiszeit war die Durchschnittstemperatur circa 6,1 Grad Celsius niedriger als zu Beginn der Industrialisierung. Wer hätte das gedacht?

Wie sehr sich die Wissenschaft in den kommenden zwei Jahren von der Politik vereinnahmen lässt, ahnen Anfang 2020 nur Wenige.

Seither gilt als wahr, was die Mehrheit der Wissenschaftler sagt. So als wäre »Mehrheit« eine wissenschaftliche Kategorie.

Nein. Wissenschaft ist der Glaube an die Unwissenheit der Experten.

Was sonst noch war lesen Sie auf den folgenden Seiten.

30.01.2020

BRATWURST FOR FUTURE

Endlich ist es so weit. Den »Umweltsäuen« geht's an den Kragen.

Nein. Ich rede jetzt nicht von chinesischen Kraftwerken, australischen Kohleminen oder Billigfliegern.

Ich rede von den Alten. Was der WDR zum Jahreswechsel in einem Kinderlied satirisch gebrandmarkt hat, setzt die Arbeiterwohlfahrt jetzt um.

Haben Sie das mitgekriegt?

Die AWO hat ausgerechnet, dass Senioren im Heim im Jahr acht Tonnen CO_2 ausstoßen, obwohl jeder Mensch laut Pariser Klimaabkommen bei einer Tonne gedeckelt ist.

Deswegen kriegen sie in Zukunft bei der AWO in Bochum nur noch 100 Gramm Bratwurscht zum Mittagessen und das Fleisch in der Bolognesesauce wird durch Gemüse ersetzt.

Ein Leuchtturmprojekt, oder?

Das Ganze trägt den schönen Titel »klimafreundlich pflegen«.

Sie werden sich jetzt wahrscheinlich fragen: »Sag einmal, an welchem falschen Ende kann man mit dem Klimaschutz bitte noch anfangen?

Warum nicht gleich eine Seniorenverfügung, so wie die Patientenverfügung.

Eine notariell beglaubigte Seniorenverfügung, in der Alte unterschreiben, dass sie freiwillig abtreten, wenn die Klimabilanz nicht mehr passt?«

Klimafreundliches Frühableben sozusagen.

Aber das ist eine zynische Sichtweise.

Schließlich müssen alle was für's Klima tun und die AWO betont ja auch, dass das Projekt freiwilligen Charakter habe.

Freiwillig heißt in dem Zusammenhang in Deutschland nichts anderes, als dass man die Kontrolle über die Einhaltung outsourct. Und zwar an die, die das am besten können: Die Denunzianten.

»Schau mal, der Huber, die alte Klimasau, frisst schon wieder zwei Bratwürste, pfui Teufel, der soll sich schämen!«

Das Licht auf den Gängen im Heim soll nachts in Zukunft auch abgedreht werden. Da muss man halt dann so sedieren, dass auch der unruhigste Bewohner garantiert nicht aufwacht.

Für den Klimaschutz muss das drin sein!

Nur zur Erinnerung:

Der Verein heißt Arbeiter-WOHLFAHRT. Nicht klimaneutrale Arbeiterverwahranstalt.

Gut, man darf nicht ungerecht sein.

Die AWO tut auch viel für das Wohl der Menschen.

In Frankfurt zum Beispiel.

Da steppt zur Zeit der Bär, weil die Frau vom OB Leiterin einer AWO-Kita wurde. Und was braucht eine Kita-Leiterin unbedingt?

Ein dickes Gehalt und – einen eigenen Dienstwagen!

Eine ganz eigene Interpretation des Wortes Wohl-Fahrt.

Und das ist dort nur die Spitze vom Eisberg, heißt's …

Aber nebenbei – womöglich liegt hier der Schlüssel zur Sinnhaftigkeit des Fleischverzichts in Bochum.

Das CO_2, das die Frau vom OB in Frankfurt mit dem AWO-Dienstwagen nausbläst, sparen die Alten beim Essen im AWO-Heim in Bochum wieder ein.

Klimaneutralität vom Feinsten also.

Eben alles eine Frage der Perspektive.

07.02.2020

PELZVERBOT

Wissen Sie, was noch schlimmer ist als sich von der AfD zum Ministerpräsidenten wählen zu lassen?

Einen Pelzmantel tragen!

Am schlimmsten natürlich wäre es, sich im Pelzmantel von der AfD zum Ministerpräsidenten … lassen wir das.

Ein Club in München hat jetzt ein komplettes Pelzverbot erlassen, nach dem Motto: »mit Pelz kommst Du hier nicht rein«.

Das erstreckt sich auch auf Kunstpelz, weil es erstens dem Türsteher nicht zugemutet werden kann, das bei Nacht und Nebel zu unterscheiden, und weil zweitens Kunstpelz den Pelz als Accessoire chic hält.

Kein Witz jetzt.

Ist doch erstaunlich auf was Leute so alles kommen.

Gut, es geht um Tierschutz und das ist ein ehrenwertes Anliegen. Aber was ist dann mit der Daunenjacke? Schon mal beim Rupfen von lebenden Gänsen zugeschaut? Schön ist das nicht.

Oder das Leder von Schuhen? Glaubt das jüngste Pelzgericht in München, das kommt alles von Tieren, die nach einem glücklichen Leben auf großen Wiesen zu Tode gelangweilt worden sind?

Und was wird besser auf der Welt, wenn man das Kaninchen isst und den Pelz danach wegschmeißt, statt ihn zu verarbeiten?

Freilich, der Pelzmantel war früher auch schon ein Feindbild. Die Bilder in den 70er-Jahren:

Uli Hoeneß im Pelzmantel. Da hat es jedem 60er-Fan die Schuhe ausgezogen. Aber halt wegen dem Hoeneß und nicht wegen dem Pelzmantel.

Der Inhalt war das Problem, nicht die Verpackung.

Ein Deppenverbot im Club, das wäre doch viel vernünftiger.
Aber wenn Du in München keine Deppen mehr in einen Club lässt, dann ist er halt jeden Abend leer.
Das kann nicht im Interesse des Clubbesitzers sein.
Und Pelz ist auch eine Frage der Kultur. In Russland gibt es viele Männer, die sagen, ohne Pelz geht meine Frau nicht aus dem Haus.
So wie in Afghanistan viele Männer sagen ohne Burka geht meine Frau nicht aus dem Haus.
Da haben wir ja nicht so ein Problem damit.
Aber deswegen eine Burka über den Pelz ziehen? Das ist auch keine Lösung.
Ich finde es übrigens gut, wenn einer keinen Pelz trägt, kein Fleisch isst und so weiter. Aber daraus kann man kein Recht ableiten, es anderen zu verbieten.
Oder hätte man die russische Revolution absagen sollen, weil der Lenin einen Pelzmantel angehabt hat?
Der Club heißt übrigens »Bahnwärter Thiel«, benannt nach einer Novelle von Gerhart Hauptmann.
Der hat auch Theaterstücke geschrieben. Eines heißt »Der Biberpelz«.
Vor diesem Hintergrund käme der Gerhart Hauptmann in den Club gar nicht rein.
Eben alles eine Frage der Perspektive.

13.02.2020

ZÖLIBAT

Also ich muss sagen, ich bin immer noch komplett durch den Wind. Dieser Rücktritt hat die Woche erbeben lassen. Tief enttäuscht und moralisch durchtränkt aufgeben, weil man vom Amt überfordert ist, das war schon ein Hammer.

Jürgen Klinsmann ist nicht mehr Trainer bei Hertha BSC.

Es ist doch erstaunlich, was so ein Wintersturm zu leisten vermag. Nicht nur im Fußball.

Auch bei der Bahn.

Selbst in den letzten Tagen des 2. Weltkrieges sind in Deutschland noch Züge gefahren, aber wenn »Sabine« weht, dann geht bei der Bahn gar nichts mehr.

Und der Sturm hat ja darüber hinaus nicht nur den Klinsmann davongeweht.

Auch AKK, also »Angelas kleine Kopie« und, man höre und staune: Marx!

Nicht den Kommunisten, den schwergewichtigen Münchener Erzbischof.

Der hat den Wintersturm genutzt und kundgetan, dass er den Vorsitz der deutschen Bischofskonferenz abgeben wird.

»Jetzt müssen die Jungen ran«, hat er gesagt.

Was heißt das in der katholischen Kirche? Ich meine, der Mann ist 66 Jahre alt. Da ist er doch in der Kirche selber noch ein Jungspund.

Wo der Ratzinger damals als Papst zurückgetreten ist, da war er 84. Der hat auch gesagt, er ist zu alt und der Nachfolger war 76. Projekt Verjüngung erfolgreich abgeschlossen. Egal.

In der katholischen Kirche geht's zurzeit ja auch gar nicht so sehr um Junge, sondern viel mehr um Frauen. Zumindest kann man hier bei uns in Deutschland diesen Eindruck gewinnen.

Da herrscht jetzt eine Riesen-Enttäuschung, weil der Franziskus den Zölibat nicht gelockert hat. Ich kann diese Enttäuschung verstehen, bei Menschen, die sich in der Kirche engagieren.

Aber in der breiten Öffentlichkeit …

Was hat man denn erwartet?

Dass der Franziskus gegen den Zölibat ist, als Jesuit? Oder dass er ihn umbenennt? Nicht mehr der Zölibat sondern die Zölibat*In?

Oder dass er den ganzen Laden hinschmeißt und sagt, wir treten kollektiv der evangelischen Kirche bei?

Die haben keinen Zölibat und die Kirchen sind trotzdem nicht voll.

Gut, die katholische Kirche hat einen Priestermangel auch noch. Also keine Gläubigen UND keine Pfarrer. Das sollte sich doch dann im Grunde schon wieder ausgleichen.

Dummerweise ist der Mangel weltweit nur sehr ungleich verteilt.

Im Amazonas warten die Gläubigen manchmal ein ganzes Jahr, bis ein Pfarrer vorbeikommt und in Deutschland wartet der Pfarrer manchmal ein ganzes Jahr, bis Gläubige vorbeikommen.

Und wann kommen sie daher? Am Heiligabend um zehn Uhr auf'd Nacht.

Drum braucht's den Zölibat. Ein verheirateter Pfarrer hätte da gar keine Zeit.

Eben alles eine Frage der Perspektive.

05.03.2020

FUSSBALL-KULTUR

Es tobt eine Diskriminierungs-Debatte im Fußball. Zielscheibe des Hasses ist Dietmar Hopp, der Eigentümer der TSG Hoffenheim, jenes Dorfclubs, den er mit seinen Millionen in die Bundesliga gehievt hat.

»Der diskriminierte Milliardär hat's schwär«, könnte man reimen.

Gehört er doch zu jener 1%-Spezies, die in dieser Woche auch Vertreter der Linkspartei erschießen oder zumindest einer »nützlichen« Arbeit zuführen wollten.

Dass aber jene Regeln, die sich der DFB im Kampf gegen Rassismus und Diskriminierung selbst gegeben hat, jetzt als Schutzschild für einen Ballsport-Oligarchen zum Einsatz kommen, entbehrt nicht eines gewissen Zynismus.

Oder anders gefragt, kann sich der nicht selber wehren?

Es vergeht kein Fußballsamstag, an dem der Torwart auf dem Weg in sein Gehäuse von den gegnerischen Fans nicht mit »Arschloch, Wichser, Hurensohn!« empfangen wird. Der muss das aushalten, ohne dass irgendein Empörungs-Hahn danach kräht.

Und sei's drum.

Fußballspiele haben mit distinguierten Kammermusik-Abenden seit jeher wenig gemein. Mittlerweile trägt ja nicht einmal mehr der Schiri schwarz.

Wahrscheinlich, dass kein Fan rufen kann: »Schwarze Sau!«

Die *taz* hat in dieser Woche mal zusammengestellt, was an Fan-Gesängen im Stadion so üblich war, als der Fußball noch Fußball war und nicht in erster Linie das Marketing-Instrument von Limonaden-, Auto- oder Softwareherstellern.

Kleine Auswahl gefällig?

»Hoeneß in den Knast!«
»Scheiß Millionäre«
»Husch, husch, husch, Neger in den Busch«
»Mainzelmännchen sind homosexuell«
Langt schon. Wir sind hier schließlich auf Bayern 2, da geht's gepflegt zu!
Und man kann auch versöhnliche Wege gehen. In Lübeck geschieht das in diesen Tagen.
Das Günter-Grass-Haus startet eine Ausstellung mit dem Titel »Günter Grass – Mein Fußballjahrhundert«.
Besucher können dort dann neben Manuskripten und Aquarellen des Meisters und Fußball-Fans Grass auch das Original-Tor des Länderspiels Brasilien-Deutschland von der WM 2014 bestaunen, bei dem Brasilien mit 1:7 untergegangen ist.
Klingt nach einer geeigneten Strafe für renitente Fußball-Hooligans.
Vorschlag an den DFB:
Wer Hopp-Hass verbreitet bekommt Stadionverbot, muss stattdessen 90 Minuten Grass-Aquarelle und Manuskripte anschauen und darf erst sechs Jahre nach dem Spiel das Tor bewundern.
Das gegnerische versteht sich. Wobei das ja nach der Halbzeit immer das eigene wird. Oder umgekehrt. Und für die Faschos als Hinweis: Grass schreibt sich nicht nur mit S-S, er war auch Mitglied.
Eben alles eine Frage der Perspektive.

20.03.2020

SELBSTBERÜHRUNG

Nach Muttis Blood-sweat-and-tears-Rede vom Mittwoch ist klar, nichts wird so bleiben, wie es ist.

Macron hat tags zuvor gesagt, wir sind im Krieg. Und dabei ist unser größter Feind, wie es ausschaut, nicht das Virus, nein der sind wir selbst.

Bis zu 800 Mal fasst sich der Mensch am Tag ins Gesicht, und da ist das Kratzen bei Hautreizungen noch gar nicht mitgerechnet.

Das Problem: Wir brauchen das. Zur Selbstvergewisserung, zur Hirnanregung, zur Stabilisierung des emotionalen Prozesses, wie der Psychologe sagt.

Aber wir öffnen damit halt auch dem Virus Tür und Tor. Dieser Reflex muss weg.

Merkels Raute ist zum Beispiel so eine Form der Reflex-Unterdrückung, heißt's.

Sie fasst sich an die Fingerspitzen, damit sie sich nicht ins Gesicht fasst und signalisiert damit:

»Ich habe mich im Griff!«

Schön, dass unsere Gott-Kanzlerin auch das richtig macht.

Wenn Sie sich dagegen mal die Kunst anschauen, wer sich da alles wo hin langt.

»Der Schrei« von Edvard Munch. Beide Hände im Gesicht und den Mund sperrangelweit offen. Das geht gar nicht in Corona-Zeiten!

Oder »Der Denker« von Rodin. Der fasst sich sogar mit der ganzen Faust an den Mund. Da holt man sich ja definitiv den Tod.

Man hat diese Geste ja lange nicht eindeutig interpretiert. Zweifelt der Denker, beobachtet er einfach nur?

In Corona-Zeiten ist klar, er handelt verantwortungslos und uneinsichtig!
Wenn Rodin wenigstens einen Mundschutz dazwischen modelliert hätte. Leider nicht. Also: Der Bildhauer war auch verantwortungslos.
Darf so einer überhaupt noch ausgestellt werden?
Der hat ja noch viel schlimmere Sachen gemacht: Man denke an seine Plastik »Der Kuss«. Die reine Provokation.
Oder die »Bürger von Calais«. Wie dicht die beieinanderstehen! Wo ist da der Mindestabstand?
Die »uneinsichtigen Bürger von Calais« müsste das Kunstwerk heißen. Und sofort in Quarantäne damit.
Da sind wir heute einfach weiter.
Es gibt eine App, mit der dich deine Webcam am Computer beobachtet und immer warnt, wenn du dir ins Gesicht fasst.
Super.
Da sollte man in Corona-Zeiten dem Staat den Datenzugriff erlauben, oder?
Wer sich an die Nase fasst – Ausgangssperre.
Ich fürchte, die Mehrheit wäre dafür.
Dabei ist anfassen so was Wichtiges. Je lieber man sich hat, desto öfter fasst man sich an.
Das gilt nicht nur zwischenmenschlich, das gilt auch für einen selbst.
So gesehen dürfte zum Beispiel der Söder die Hand aus dem Gesicht gar nicht mehr rauskriegen.
Eben alles eine Frage der Perspektive.

Selbstberührung

27.03.2020

LACHEN IN CORONA-ZEITEN

Was man hört, halten sich die Menschen an die behördlichen Vorschriften. Beim Mindestabstand funktioniert die soziale Kontrolle so gut, dass es schon zu Handgreiflichkeiten gekommen sein soll. Super Lösung: Bleib mir vom Leib! Sonst rücke ich Dir auf den Pelz.

Und was die Ausgangsbeschränkungen angeht, da kann sich die Polizei voll und ganz auf die freiwillige Mitarbeit jener kleinen Hobby-Blockwarte verlassen, die hinter der Gardine stehen und alles melden, was ihnen auffällt.

Wie schön, dass die Kulturtechnik des Denunzierens nach 75 Jahren Demokratie in Deutschland noch nicht ganz in Vergessenheit geraten ist!

Dass wir uns nicht falsch verstehen, ich bin total dafür, dass man vorsichtig ist. Man kann im Grunde gar nicht vorsichtig genug sein.

Wenn jemand hustet zum Beispiel, da ist Alarmstufe rot angesagt. Da wird ja das Virus wie ein Geschoss aus dem Körper herausgepresst auf die Mitmenschen abgefeuert.

Kriegsvergleiche sind ja momentan eh in Mode.

Aber was ist mit dem Lachen. Ein kräftiges »Hahaha« beansprucht ähnliche Muskeln wie ein kräftiger Huster. Wenn sie lachen – da werden definitiv auch Viren freigesetzt.

Ist Lachen am Ende das neue Husten? Womöglich. Dann braucht's da Regeln. Das wünschen sich die Menschen zurzeit. Klare Vorschriften, an die sie sich halten können.

Vermeiden Sie Lachen in der Öffentlichkeit. Wenn Sie merken, Sie müssen lachen, lachen Sie nur in die Armbeuge.

Am besten Lachen Sie nur zuhause und nur mit Menschen, mit denen sie in einem Haushalt leben.

Halten Sie Abstand zu Mitmenschen, die Humor haben. Wenn Sie selbst Humor haben, tragen Sie Masken, damit man Ihr Grinsen nicht sieht. Lachen ist ansteckend!

Überhaupt: Wer jetzt lacht, der zeigt doch nur, dass er Corona nicht ernst nimmt. Der gefährdet sich und andere.

Drum zögern Sie nicht.

Melden Sie Leute, die Witze machen. Die provozieren Lacher und fördern so die Verbreitung des Virus.

Dabei ist Humor jetzt wichtiger denn je!

Ich zitiere aus dem Aushang einer Münchner Hausverwaltung:

»Bei weiteren Verstößen gegen die Spielplatzsperre sehen wir uns gezwungen, mietrechtliche Schritte einzuleiten!«

Um im nächsten Satz zu schreiben:

»Diese schwere Krise benötigt all unsere Mithilfe, Zurückstecken eigener Interessen und Demut.«

Demut? Vor was? Vor behördlichen Anordnungen? Klingt wie eine Parodie auf ca. 1942. Wenn sie dir so was ins Treppenhaus hängen, da brauchst du einen guten Humor!

Und dass ausgerechnet diejenigen behaupten, jetzt alles richtig zu machen, die noch im Sommer 2019 in Deutschland 600 Krankenhäuser aus Kostengründen dicht machen wollten, das ist ohne Humor gar nicht zu ertragen.

Eben alles eine Frage der Perspektive.

14.05.2020

KUNST UND KULTUR

Für mich ist das heute ein sehr guter Tag! Und schuld daran ist wer?
Richtig: Dr. Markus Söder. Ich weiß nicht, ob Sie seine Pressekonferenz zu Kunst und Kultur in Corona-Zeiten gesehen haben, aber das war Söder vom Feinsten.
Dass wir uns nicht falsch verstehen:
Ein 200-Millionen-Rettungsschirm für die Kultur ist schon nicht schlecht, bisserl knapp zwar, wenn man bedenkt, um wie viele Arbeitsplätze es hier geht und wie viele Existenzen in diesem Bereich gefährdet sind, aber immerhin besser als nichts.
Aber WIE er das verkauft hat, das war schon ein kleines Geschenk ans Kabarett, das man ja auf die 200 Millionen an Kulturhilfen fairerweise noch oben drauf rechnen muss.
»Bayern ist ein Kulturland«, den kannten wir schon, aber dass Künstler nicht auf Rosen gebettet sind und erhalten bleiben sollen, das war schon eine sehr blumige Formulierung. So wie alte Häuser. Da stellt sich auch immer wieder die Frage, abreißen oder sanieren. Oft lässt man dann nur die Fassade stehen. Du denkst, du stehst vor einem mittelalterliche Kloster, dabei ist es eine shopping-mall.
So wird es einigen Künstlern nach Corona vielleicht auch gehen.
Der Söder hat ja am Donnerstag bereits neue Wege auf der Bühne angedacht.
»Müssen da 50 Künstler stehen oder können das auch fünf?«, hat er gefragt. Und vorgeschlagen, dass man Stücke ja vielleicht auch ergänzen kann oder neu interpretieren.
Bewirbt sich da jemand zwischen den Zeilen für eine Neuinszenierung in Bayreuth?

Losgehen soll es übrigens wieder nach Pfingsten, aber eigentlich erst im Herbst. Und das Modell ist die Kirche.

Also zwei Leute pro Reihe und dazwischen immer eine Reihe frei. Also fürs Kabarett ist das schon mal nichts.

Hat der Söder auch gesagt, indirekt:
»Don Carlos können sie spielen, Rockkonzerte nicht.« Und wie heißt's im Don Carlos?

»Geben Sie Gedankenfreiheit, Sir!«. Klingt zurzeit nach Corona-Demo. War Don Carlos am Ende der erste Impfgegner? Und was weiß Söder darüber?

Keine Ahnung.

Für die Details hat er ja auch seinen Kunstminister dabeigehabt, den Sibler Bernd.

Zu dem hat er anscheinend ein Verhältnis, ja, bisserl wie zu einem Haustier. Der darf nur reden, wenn der Chef ein Handzeichen gibt.

Und dann hat er geredet: »Wenn es keine Spielstätten mehr gibt, hätten wir zwar Schauspieler, aber keine Orte mehr, wo sie auftreten können!«

Bernd Sibler, ein Meister der scharfen Analyse.

Bei so viel ministeriellem Sachverstand braucht sich die bayerische Kulturszene in Coronazeiten wirklich keine Sorgen mehr zu machen.

Eben alles eine Frage der Perspektive.

20.05.2020

GESUND BLEIBEN

Mein Handybetreiber sorgt sich um mich. Ist das nicht schön? »Bleib Gesund«, steht seit einiger Zeit oben links auf dem Bildschirm, mit Hashtag sogar. Abgesehen davon, dass ich es toll finde, dass mein Handy mit mir per du ist, muss ich ehrlich sagen, so viel Fürsorge in diesen schweren Zeiten, das rührt mich an.

Mehr noch: Es ist mir geradezu Auftrag und Verpflichtung, alles dafür zu tun, dass ich ja nicht krank werde, wenn mein Mobiltelefon mir mit jedem Blick aufs Display einbläut: Bleib gesund. »Gefälligst« fehlt noch.

Und es ist ja beileibe nicht nur das Handy, das uns Gesundheit verordnet.

»Bleiben Sie gesund!«, das steht zurzeit unter jedem offiziellen und automatisch erstellten Schreiben von der Bank, der Versicherung, auf Kassenzetteln habe ich es auch schon gelesen.

»Danke für Ihren Einkauf und bleiben Sie gesund.«

In Krisenzeiten rücken eben nicht nur die Menschen zusammen, auch die Maschinen schließen sich an.

Du kannst auf Krücken mit gebrochenen Haxen daherkommen, du kannst einen Heuschnupfen haben, dass alles zu spät ist, du kannst depressiv sein, egal:

»Bleiben Sie gesund!« ist das Motto.

Und wer krank wird, ist selber schuld. Der hat halt nicht aufgepasst. Hätte er sich an die Regeln gehalten, wäre ihm nichts passiert.

Im Grunde gehört so jemand nicht behandelt, sondern gleich bestraft. Man hat es ihm doch wirklich oft genug gesagt: »Bleiben Sie gesund!«. Was macht der Depp? Er wird krank.

So kann man sich in Corona-Zeiten einfach nicht verhalten!

Es gibt klare Regeln und denen hat man Folge zu leisten. Dieses Denken funktioniert ja auch schon ganz gut.

Jetzt kann man dieses »Bleiben-Sie-gesund!«-Getue natürlich auch einfach als die übliche, leere Phraseologie unserer Zeit betrachten.

Wir wünschen uns ja heute alle auch ständig »einen schönen Tag noch«, sagen nicht mehr »danke«, sondern »megadickes Dankeschön!«, oder »passen Sie auf sich auf«, so als wären wir alle dumme, kleine Kinder, die ohne diesen wertvollen Tipp schon am selbständigen Überqueren einer Straße scheitern würden.

Aber auch da muss man sagen, wir sind ja deswegen nicht netter, aufmerksamer oder umsichtiger geworden, wir haben unsere Ignoranz nur mit Freundlichkeits-Phrasen zugekleistert.

Drum ist das auch gar kein Problem mehr zu einem Herzkranken zu sagen »bleiben Sie gesund«.

Kürzlich durfte ich folgenden Dialog belauschen:
»Bleiben Sie bitte unbedingt gesund!«. Darauf die Antwort: »Sehr, sehr gerne!«

Vielleicht ist ja was dran an dem Satz, dass mittlerweile mehr Menschen an Corona verblödet sind als erkrankt.

Eben alles eine Frage der Perspektive.

28.05.2020

POP-UP

Sind Sie für oder gegen Pop-up-Lanes? Oder wissen Sie am Ende gar nicht, was das ist? Dann sind Sie von gestern, so viel ist sicher.

Das macht aber nichts, Sie müssen das nur als ihren Markenkern begreifen und schon können Sie Teil der Pop-up-Kultur werden. Nicht als »Pop-up-Lane«, also als Spontan-Fahrrad-Weg, so wie das Grün-Rot jetzt in München beschlossen hat, aber zum Beispiel als aus der Zeit gefallener Werbeträger für Augmented-Reality-Brillen.

Da machen Sie einen Pop-up-Store. Setzen Sie sich in ihr völlig veraltetes Wohnzimmer vor ihren Röhrenfernseher, essen Fleisch und trinken ein paar Halbe Bier dazu, Sie sind ja schließlich von gestern, ein Anbieter setzt ihnen eine AR-Brille auf, lädt seine Kundschaft zu Ihnen ein und macht so aus Ihrer Brotzeit ein temporäres Einkaufserlebnis.

Das ist die Zukunft.

Rentokil, dieses Hygiene-Unternehmen, hat das im gastronomischen Bereich gemacht. Ein Pop-up-Restaurant als Werbegag für den Schädlingsbekämpfer. Da gab's dann Wanzen im Schokomantel, frittierte Ameisen und gegrillte Kakerlaken. Aber exklusiv und nur für einen einzigen Tag. Künstliche Verknappung.

Ob die jetzt bei Wanzen im Schokomantel vom Konsumenten als wirklich schlimm empfunden wird, sei einmal dahingestellt, zumal die Grundidee ja uralt ist. Die »Occasion«, die vermeintlich einmalige Gelegenheit, die die Gier wecken soll.

Das war früher der Preiselbeer-Mann, der an der Haustür geklingelt hat. Nur jetzt, nur für Sie, fünf Kilo Preiselbeeren zum Preis von zehn.

Aber Pop-up-Store klingt halt viel besser als »Hausierer« oder die Bahn-Variante davon, der »mobile Brezelverkäufer.«

Wenn's englisch ist, ist's keine Geschäftsidee mehr, dann ist es livestyle.

Und machen wir uns nichts vor. Corona hat dem Vorschub geleistet.

Virensicheres Konsumieren im Internet, gut und schön, aber wo bleibt das sinnliche Erlebnis?

Das gilt auch im Kulturbereich.

Die Leute haben Angst, ins Theater zu gehen, aber die virensichere Kabarett-Pointe am Straßeneck, die ließe sich gefahrlos konsumieren.

Also her mit Pop-up-Kabaretts.

Gibt's ja schon. Comedy im Autokino. Corona macht's möglich. »Da fahr'n wir hin und wenn der Comedian witzig ist, dann hupen wir ihm eine Zugabe nach der anderen aus den Rippen.«

Bleibt die Frage: Welche Geschäftsidee steht hinter dem Pop-up-Radweg? Klar, momentan fahren alle Rad, weil es coronasicher ist und das Wetter passt. Angebot und Nachfrage.

Aber was, wenn sich im Herbst alle wieder ins Auto hocken?

Kommt dann in München der »Pop-up-Mittlere Ring« auf dem Gehweg?

Eben alles eine Frage der Perspektive.

03.07.2020

FORMEL 1

Endlich, endlich ist es soweit.

Monate haben wir darauf gewartet. Nein, ich rede nicht vom Sommer oder vom Ende der Maskenpflicht – das kommt in Bayern sowieso erst, wenn Markus Söder Bundeskanzler ist – ich rede von der Formel 1.

Die beginnt am Sonntag nach vier Monaten Zwangspause endlich wieder.

Jetzt weiß ich, was mir gefehlt hat in der Corona-Zeit!

Die Königsklasse im Motorsport, das war's!

Dieser Motorenlärm aus dem Fernseher, dieses Gefühl, Rennautos und ihren Fahrern zuzuschauen, die wie irre über die Piste brettern um am Ende genau dort anzukommen wo sie losgefahren sind und sich dann mit Champagner duschen.

Ein faszinierender Sport, oder?

Gut, ich gebe zu, man kann immer blöd daherreden. Man kann auch über Fußball sagen, dass die nur dem Ball nachlaufen und ihn in Netzen fangen oder über Skirennen, dass sie mit Pommes-frites-förmigen Brettern den Berg runterrutschen, aber Formel 1 ist schon noch mal ein ganz besonderer Fall.

Vor allem jetzt.

Ohne Zuschauer auf der Tribüne. Da bekommt doch das Wort Geisterfahrer eine ganz neue Bedeutung.

Geisterfahrer mit Hygienekonzept versteht sich. Also Maskenpflicht und Mindestabstand. Mindestabstand in der Formel 1? Warum nicht gleich ein Tempolimit? Gerade wo das erste Rennen ja in Österreich ist. Man kennt das vom Alpentransit auf der Autobahn in Tirol: Tempo 100 und drunter steht IG-L. Immissionsschutzgesetz Luft heißt das. Wer da schnell fährt ist schnell arm.

Man muss ja eh sagen, die Formel 1 ist im Grunde schlicht und einfach nicht mehr zeitgemäß. Da müssten doch heutzutage Elektroautos um die Wette fahren, streng genommen eigentlich sogar die Bahn.

Eine Zug-Formel 1, das wäre up to date weil ökologisch korrekt.

ICE gegen Railjet und Frecciarossa gegen TGV. Inklusive taktischer Finessen wie Türstörung, Verzögerungen im Betriebsablauf oder geänderter Wagenreihung. Da käme die Deutsche Bahn aus der Boxengasse gar nicht mehr raus.

Auch das Hygienekonzept ist kein Problem.

Von wegen leere Tribünen. Die würden bei der Zug-Formel-1 schon deswegen leer bleiben, weil die Platzreservierungen leider nicht angezeigt werden können. Ein Klassiker!

Und über allem schwebt der Scheuer Andi als der Bernie Ecclestone der Schiene. Letzterer ist jetzt übrigens mit 89 nochmal Vater geworden. Keine Ahnung, ob das an der Formel 1 liegt. Die Mutter des Kindes ist jedenfalls 44. Damit ist klar, es ist nicht die Queen. Das wäre eine echte Sensation gewesen.

Eben alles eine Frage der Perspektive.

17.07.2020

HERRENCHIEMSEE

Wissen Sie, was eine »nahezu ganz große Übereinstimmung« ist? Die herrschte nämlich laut Markus Söder zwischen ihm und Frau Merkel diese Woche auf Herrenchiemsee.

»Eine nahezu ganz große Übereinstimmung«. Diese Aussage zeigt, dass der Söder langsam wieder der Alte wird.

Der, den's gelegentlich über die eigenen Formulierungen schmeißt, weil er einfach von sich selber so stark beeindruckt ist, dass er nicht mehr so genau aufpasst, was er sagt.

Gut, Herrenchiemsee ist auch beeindruckend. Der Park, die Brunnen, der Spiegelsaal, länger als der in Versailles.

Der bietet sich für Corona-taugliche Sitzungen des bayerischen Kabinetts unter König Markus dem Ersten geradezu an. Besonders, wenn eine Touristin aus Ostdeutschland dabei ist.

(Sächselnd gesprochen: »Die ham das ja vierzisch Johre ne gehabt!«)

Drum hat die Touristin aus der DDR auch nicht so ganz recht gehabt, als sie vom Schloss Herrenchiemsee als dem Ort gesprochen hat, an dem das Grundgesetz ... und so weiter.

Der Verfassungskonvent tagte im Alten Schloss, das hat mit Herrenchiemsee nichts zu tun, aber so genau geht's natürlich nicht, wenn die Kanzlerin und der Bayerische Ministerpräsident Hof halten. Da geht's um die Symbolik.

Und die war vielversprechend.

Schon auf dem Raddampfer: Markus und Angie umweht von der Weiß-blauen Fahne, natürlich ohne Maske. Dass auf den Schiffen der Chiemsee-Flotte jeder eine Maske tragen muss, auch auf den Freidecks und auch wenn wenig Betrieb herrscht, das interessiert den König Markus nicht. Der kann sich selber schon mal eine Ausnahme genehmigen. Wer sonst?

Und seien wir ehrlich, König Ludwig II. hätte auch keine Maske getragen auf so einer Überfahrt zu seinem Schloss, also zumindest keine Corona-Maske.

Der scheint es dem Söder ja eh schon länger angetan zu haben. Bei einer Ordensverleihung ist er ja auch schon mal als Ludwig aufgetreten. Gut, das war im Fasching, aber das heißt beim Söder nichts.

Dann hat er letztes Jahr da diesen Baum umarmt, ähnliches ist vom sogenannten Märchenkönig auch überliefert.

Das verbindet die beiden ja auch:

Die Selbstinszenierung. Manchmal bis zum Exzess.

Dem König Ludwig haben's deswegen schlussendlich auf Schloss Berg innen die Türklinken abmontiert, dass er nicht abhauen kann. Der Rest ist bekannt.

Wäre ein starkes Bild:

Merz und Laschet schrauben heimlich in der bayerischen Staatskanzlei innen die Türklinken ab um den Kanzlerkandidaten Söder zu verhindern, der dreht durch, bricht mit Gewalt aus, flieht nach Berlin und geht dort bei der Bundestagswahl 2021 baden.

Weil es immer heißt, der Söder will den Strauß toppen. Schmarrn. Seine wahren Vorbilder sind ganz andere …

Eben alles eine Frage der Perspektive.

15.10.2020

WER HAT WAS GESAGT?

Eine gipfelige Woche liegt hinter uns und eine harte. Zumindest für alle, die das Wort »Corona« nicht mehr hören können. Sollen ja doch einige sein.

Angefangen hat's am Dienstag. Pressekonferenz in München. Markus Söder teilt mit, dass die Maske »ein Instrument der Freiheit« sei.

Da muss man erst einmal draufkommen. Auch wenn einigermaßen klar ist, was er uns damit sagen wollte, nämlich, dass er uns am liebsten ohne Maske gar nicht mehr aus dem Haus lassen würde, ist Freiheit nicht unbedingt die allererste Assoziation, die mir beim Anblick von Masken in den Sinn kommt.

Nachgelegt hat dann seine ziemlich gute Freundin Susanne Breit-Keßler. Die pensionierte evangelische Regionalbischöfin ließ uns Kulturschaffende wissen, dass sie an uns denkt. Ja dann kann freilich dem Kulturbetrieb in Bayern in diesen Zeiten rein gar nichts mehr passieren, wenn Frau Breit-Keßler an uns denkt.

Zumal das ja nicht das Einzige war, was sie gesagt hat. Sie hat sich auch Masken für Obdachlose gewünscht, die Ärmsten der Armen, wie sie das formuliert hat.

Wenn sie kein Brot haben, sollen sie halt Masken essen, so klingt das fast.

Die Dame sagt das alles auf einer Söder-Pressekonferenz, weil sie im Grundrechts-Dreierrat sitzt. Mit »Grundrechts« ist keine politische Richtung gemeint, sondern ein Gremium, das darauf achten soll, dass die Grundrechte in Bayern durch die Corona-Maßnahmen der Staatsregierung nicht beschädigt werden.

Scheint so, als wäre das in besten Händen …

Aber die Woche ging ja weiter.

Am Mittwoch dann Ministerpräsidententreffen in Berlin. Mit der Kanzlerin. Ihr Amtschef Braun witterte »Historisches«. Das war's zum Glück nicht, denn um historische Beschlüsse zu fassen, dafür fehlt diesem Corona-Gremium schlicht die demokratische Legitimation. Aber auf die schaut ja im Moment sowieso keiner.

Durchgestochen – wie es heute so schön heißt – wurde eine Merkel-Äußerung.

Sie soll gesagt haben, die Ergebnisse seien »nicht hart genug um Unheil abzuwenden«. »Unheil abwenden« – klingt schon wieder religiös, auch wenn bei Frau Merkel nur der Vater evangelischer Pfarrer war. Macht nichts, färbt trotzdem ab.

Und die Gipfel-Beschlüsse kommen auf Wiedervorlage, sagte Markus Söder.

Das sogenannte »Beherbergungsverbot« kippt ja jetzt schon in einem Bundesland nach dem anderen. Sei es durch Beschlüsse der Regierungen, sei es durch Klagen.

Von der nächsten Ministerpräsidentenkonferenz soll schon folgendes Merkel-Zitat vorab durchgestochen worden sein, das sie so natürlich nie gesagt haben wird:

»Wenn alle immer nur meckern, können wir sowas wie Corona eben nicht mehr machen!«

Eben alles eine Frage der Perspektive.

22.10.2020

SCHAUM-FORSCHUNG

Da sage noch einer, es tut sich nichts am Standort Deutschland. Ein Projekt der Universität Hohenheim straft die Pessimisten jetzt Lügen. Dieses Forschungsprojekt untersucht nämlich die »Einflussfaktoren auf die Aufschäumbarkeit von Milch und entwickelt ein Onlineüberwachungs-System zur Früherkennung von Produktveränderungen«. Und damit die Bedeutung dieser Forschung jetzt von Ihnen nicht gering geschätzt wird, sei dazu gesagt, das Projekt wird mit 443 000 Euro unter anderem vom Bundeswirtschaftsministerium gefördert.

Es zählt damit nach eigenem Bekunden der Uni zu den »Schwergewichten der Forschung in Hohenheim«.

Da kann man doch wirklich nichts mehr sagen, oder!?

Ich finde nämlich auch, der Milchschaum ist eines der am sträflichsten vernachlässigten Themen in diesem Lande.

Beim Bierschaum wusste schon Rudi Carell »Zu viel Schaum zu wenig Bier, was für ein alter Trick, das Dumme ist, man merkt es oft erst auf den zweiten Blick!«

Gut, jetzt muss man dazu sagen, als Rudi Carell diese Zeilen gesungen hat, Ende der siebziger Jahre, da hat man in Deutschland noch Filterkaffee mit Kondensmilch oder gleich mit Sahne getrunken. Aufgeschäumte Milch als Kaffeezusatz war hierzulande bestenfalls versierten Italien-Reisenden bekannt.

Aber heute zählen ja Cappuccino, Espresso macchiato oder ähnliches Gebräu zu den Standards deutscher Alltagskulinarik, neben Sushi, Ruccola oder Tomate mit Mozzarella und Basilika.

Und welcher Latte-caramel-small-to-go-Trinker denkt sich nicht jeden Morgen am U-Bahn-Kiosk, wäre der Kaffee gut, wenn nur die Stabilität des Milchschaums nicht so hundsmiserabel wäre.

Ganz ehrlich: Der Tsunami an Kaffee-haltigen XXL-Getränken in Pappbechern mit Plastikdeckel drauf hat mit Kaffeekultur ungefähr so viel zu tun wie der Papst mit Familienplanung.

Dabei die Qualität des Milchschaums in den Focus zu stellen ist ungefähr so sinnvoll wie bei einem automobilen Totalschaden zu konstatieren: »Naja, der Blinker geht noch.«

Trotzdem müssen wir da jetzt durch.

Denn Milchschaum in gleichbleibender Barista-Qualität, das ist es, worauf die Menschen in Deutschland Anspruch haben!

Schön wäre, wenn die Forschung sich gleich anderen Schäumen mit annähme. Ich meine, wenn man eh schon in der Schaumforschung steckt.

Was ist zum Beispiel mit den schaumigen Versprechen von Corona-Hilfspaketen für Selbständige aus dem Bundeswirtschafts- oder Finanzministerium?

Was ist mit dem Europa-Schaum, den Uschi von der Leyen fast täglich produziert? Oder mit dem agrarpolitischen Schaum unserer Weinkönigin im Bundeslandwirtschaftsministerium.

Vom Coronaschaum aus dem Kanzleramt wollen wir hier gar nicht reden.

Unmengen von Schaum und jeden Tag neu!

Macht aber nichts, denn jeder Schankkellner weiß: Schaum ist auch Bier, nur halt verdammt wenig davon.

Eben alles eine Frage der Perspektive.

12.11.2020

ALLE RELIGIONEN IN EINER KLASSE

In der Frühzeit meines kabarettistischen Schaffens hatten wir mal einen Religionslehrer als Bühnenfigur, der sich am Klassenelternabend vorgestellt hat mit den Worten: »Mein Name ist Himmelstoß, ich unterrichte alle Religionen in der Klasse!«

Damals war nicht vorauszusehen, dass diese absurde Pointe eines Tages im Freistaat von der Realität eingeholt werden würde.

Katholische und evangelische Religion sowie Ethik sollen temporär zusammengelegt werden, um Klassenzimmer-Wechsel der Schüler zu vermeiden.

Die jeweiligen Fachlehrer sollen sich dann im Unterricht abwechseln.

Interessante Idee! Religionsunterricht zusammenlegen. Das ließe sich ja womöglich auch auf andere Fächer übertragen, Fremdsprachen zum Beispiel.

Latein, Französisch, Spanisch und Italienisch. Das ist doch ungefähr dasselbe, warum nicht in einem Klassenzimmer all diese Fremdsprachen parallel unterrichten. Das klingt dann ein bisserl wie beim Turmbau zu Babel, von wegen Sprachverwirrung und so, womit wir dann schon wieder bei der Religion wären. Die könnte man dann auch noch in diesem Klassenzimmer ... und zwar zeitgleich mit zu den Fremdsprachen dazunehmen.

Ein guter Lehrer schafft das.

Oder man macht's wie bei der Stiftskirche in Neustadt an der Weinstraße. Die hat man in Ermangelung einer zweiten Kirche im 18. Jahrhundert einfach mit einer Mauer geteilt. Der Chor den Katholiken, das Schiff den Protestanten. Diese Teilung besteht bis heute.

Das ist ein pragmatischer Umgang mit Religion.

Könnte man doch in Klassenzimmern auch machen. Bloß: wer darf dann ans Fenster? Das ist ja in Corona-Zeiten quasi das Paradies.

Ich würde sagen, die Protestanten. Die haben eh so schwer an ihrem schlechten Gewissen zu tragen, da soll man ihnen nicht auch noch den Blick ins Paradies vermauern.

Schwieriger wird's beim Lehrplan für einen katholisch-evangelischen Gemeinschaftsunterricht.

Wie schaut da der Stoff aus?

Jesus geht, bei der Maria wird's schon schwieriger. Es gibt schon auch eine evangelische Maria, aber die ist nicht heilig.

Der Heilige Geist geht wiederum, aber was ist mit dem Papst? Die Protestanten haben ja keinen Papst. Gut, im Vatikan sagen momentan viele, dass die Katholiken derzeit eigentlich auch keinen Papst in dem Sinne, ... dass vielmehr der Verdacht bestünde, der Franziskus sei eigentlich im Geiste womöglich selber Protestant, quasi ein lutherisches U-Boot an der Spitze der Weltkirche ...

Ich beteilige mich an solchen Spekulationen nicht!

Aber ein Stoßgebet könnte man den Kindern im gemeinsamen Religionsunterricht beibringen, ein Stoßgebet Richtung Kultusministerium:

»Herr vergib ihnen, denn sie wissen offenbar immer noch nicht, was sie tun sollen!«

Eben alles eine Frage der Perspektive.

10.12.2020

EU-RATSPRÄSIDENTSCHAFT

Es gibt halt doch noch gute Nachrichten. Die deutsche EU-Ratspräsidentschaft geht zu Ende.

Also das ist jetzt per se noch keine gute Nachricht und auch dass Frau Merkel ihren letzten EU-Gipfel leitet, glaube ich erst, wenn sie wirklich abgetreten und final in der Uckermark verräumt ist, aber dass Deutschland seine Aufgabe im Ratsvorsitz bestens erfüllt hat, das muss man doch einmal lobend hervorheben.

Die ist es nämlich, für Kontinuität in der Arbeit der EU zu sorgen und das hat wirklich bestens geklappt.

Nehmen Sie nur einmal die Brexit-Verhandlungen oder das Thema Migration und Asyl. Da hat man doch im letzten halben Jahr wirklich genauso weiter gewurschtelt, wie man's in den letzten Jahren gewohnt war und damit für maximale Kontinuität gesorgt.

Dafür hat man sich mit Polen und Ungarn beim Thema Rechtsstaatlichkeit geeinigt.

Die tragen die scherzhaft EU-Haushalt genannte Jahrhundert-Verschuldung mit, dafür erlaubt ihnen die EU einen Rechtsstaat »light«.

Prima. Light ist eh gerade in.

In Deutschland haben wir seit Corona zum Beispiel eine Demokratie light. Oder wie es die bayerische Landtagspräsidentin Ilse Aigner formuliert hat: Sie freut sich, dass der Landtag bei der Corona-Politik der Staatsregierung mitdiskutieren darf. Mitdiskutieren! Das Parlament als Talkshow. Könnte von Viktor Orban sein.

Oder aus Brüssel. Dort ist das nämlich seit jeher das Demokratiemodell. Europäischer Rat und EU-Kommission entscheiden und das Parlament wird anschließend darüber informiert. So geht europäische Demokratie.

Und dass gewählte katalanische Abgeordnete immer noch nicht ins Parlament dürfen, weil sie zum Teil in Spanien wegen des Unabhängigkeitsreferendums als politische Häftlinge im Gefängnis sitzen, das ist auch europäische Demokratie.

Und dass das niemand aufregt, das ist europäische Ignoranz. Und die ist der EU wesensimmanent.

Unser blaublütiges Ursulinchen von der Leyen predigt einen »Green Deal« und bei der ersten Gelegenheit, der Agrarreform, lässt man dann doch wieder fünf gerade sein ...

Läuft.

Dabei könnten gerade die Deutschen von Europa so sehr profitieren. Manche tun es auch.

Erinnern Sie sich an Martin Schulz, den glühende Europäer, der das letzte Strohfeuer für die SPD entfacht hat?

Der hat 365 Tage im Jahr in Brüssel Parlamentssitzungen geleitet. Also zumindest hat er das entsprechende Sitzungsgeld kassiert.

Oder Günther Oettinger. Der profitiert noch viel mehr von Europa.

13 Nebenjobs hat der jetzt. Nur weil er EU-Haushaltskommissar war, hat er ja überhaupt die Kontakte knüpfen können, die ihn jetzt im Ruhestand finanziell über Wasser halten.

Aber auch da funktioniert die europäische Demokratie.

Die Uschi hat angekündigt das prüfen zu lassen. Am besten bei der Beraterfirma vom Günther Oettinger.

Eben alles eine Frage der Perspektive.

2021

Corona und das Eingesperrt sein, in Deutschland muttersprachlich »Lockdown« genannt, dauert an.

Mit der sogenannten »Omikron«-Variante verliert das Virus nach und nach seinen Schrecken und wer sich drei- vier-, oder fünf Mal impfen lässt, kann sich ziemlich sicher sein, dass er oder sie – trotzdem Corona bekommt.

Die Welt wird derweil wieder einmal in Deutschland gerettet. Auf Geheiß der EU verbietet die Bundesregierung Wattestäbchen und Strohhalme aus Plastik.

Korinthenkackerei bleibt weiterhin erlaubt.

Elon Musk überholt Jeff Bezos als reichster Mann der Welt. Sein Vermögen beträgt jetzt knapp 183 Milliarden US-Dollar. Da kann man sich schon mal einen Tesla kaufen dafür.

Angela Merkel benennt sich gegen Jahresende in Olaf Scholz um. Aber das ist eine non-binäre Nebensächlichkeit.

Was sonst noch war lesen Sie auf den folgenden Seiten.

05.02.2021

KATHOLISCHE BAUSTELLEN

Wenn der Kopf schon in der Schlinge steckt, dann gibt's nur noch eine Frage. Bringe ich ihn da noch rechtzeitig raus oder ist es um mich geschehen?

Diese Frage stellt sich momentan für den Kölner Erzbischof Woelki.

Der hat bei Missbrauchsfällen in seinem Bistum so lange rumgeeiert, dass das Eis für ihn verdammt dünn geworden ist.

Ich sage mal, ein Satz noch und aus ist es.

Zum Beispiel der:

»Das erste Opfer des Missbrauchs ist die Kirche selbst, weil sie durch fehlgeleitete Geistliche aus ihrer Mitte heraus so sehr beschädigt worden ist.«

Das wäre dann die Sichtweise vatikanischer Hardliner. Dieser Satz und der Woelki kann zusperren.

Manche sagen schon, er kann eh zusperren, weil ihm die Gläubigen davonlaufen.

In Köln sind bis Ende April sämtliche Behördentermine für Kirchenaustritte ausgebucht.

Gut, wenn sie dort arbeiten wie in den Impfzentren, dann heißt das gar nichts, aber man kann nicht leugnen, dass es für die Kirche in Deutschland nicht gerade zum Besten steht.

In Ettal schließt das Klosterinternat, weil niemand mehr hinwill. Am Ende graust's den Leuten sogar?

Und die Seuchen-Vorschrift, dass derzeit im Gottesdienst nur eine Handvoll Gläubige erlaubt sind, die hätte man sich wahrscheinlich sparen können, weil eh kaum wer kommt.

Im Grunde wäre das doch ein guter Zeitpunkt, das Pferd endlich von hinten aufzuzäumen.

Zu sagen: »Gut, der Ruf ist ruiniert, jetzt lebt sich's völlig ungeniert.«, statt sich da mit synodalen Wegen und ähnlichem immer mehr an die Protestanten ranzuwanzen. Religion light, sozusagen.

Der Evangelischen Kirche laufen doch die Leute auch davon. Man sollte sich auf die Zeiten besinnen, als die Kirche stark war.

Mittelalter, Renaissance, Barock. Der Papst krönt die Könige, die reichsten Familien stellen die Kardinäle. Was damals die Medici waren, Kaufleute, das ist heute Amazon. Der Bezos hätte doch jetzt Zeit. Wenn man ihm ein entsprechendes Umfeld anbieten würde, täte ihn das Amt eines Kurienkardinals in Rom womöglich sogar reizen.

Überhaupt sollte man die Ämter verkaufen. Auf dass wieder Geld in die Kassen kommt nach den vielen Kirchenaustritten.

Dann wäre auch Geld da für entsprechende Bauwerke.

Dass man mal wieder so was baut wie einen Kölner Dom. Klar, im Anfang war das Wort, aber dann kam auch schon bald der Protzbau und mit ihm die Ehrfurcht vor dem Wort.

Gerne glauben, darum geht's. Und da hat sich auch nie was dran geändert:

Wenn man's den Leuten nur entsprechend verkauft, dann glauben sie alles gern, und wenn's der größte Schmarrn ist.

Eben alles eine Frage der Perspektive.

26.02.2021

DER WALD

»Vier von fünf Bäumen haben eine lichte Krone.«

Wenn Bundeslandwirtschaftsministerin Julia Klöckner das sagt, so spricht sie nicht vom Zustand des männlichen Haupthaares jenseits der 60 sondern vom deutschen Wald.

Der ist kaputt. Also zumindest so kaputt wie schon lange nicht mehr und dagegen will die Frau Klöckner was tun. Jene Bundeslandwirtschaftsministerin, die schon nach der Dürre des Sommers 2018 verkündet hat: »Wir lassen die Bauern nicht im Regen stehen!«

Das lässt doch hoffen.

Schließlich gehört der Wald zu Deutschland wie die FFP2-Maske zu Markus Söder.

Das fängt bei der Schlacht im Teutoburger Wald an und hört bei den Waldkindergärten auf. Auch Hänsel und Gretel verliefen sich im Wald und sogar Elon Musk baut seine deutsche Tesla-Fabrik wohin? In den Wald. Damit es seiner Kundschaft nicht so geht wie einst Hänsel und Gretel kommt der Wald allerdings sicherheitshalber weg.

Für die eMobilität kann man das schon mal machen.

In den 80er-Jahren hat man das für die Atomkraft auch gemacht, siehe Wackersdorf. Und weil der Wald dann schon mal weg war, hat man dann halt was anderes hingebaut. So glänzt der Wald durch Abwesenheit.

In sentimentalen Momenten, da trauert das Land dann um seinen Wald.

»Waldsterben«, das war das Wort meiner Jugend, ein Begriff der Anfang der 80er international Furore gemacht hat. Mit »le waldsterben« umschrieben die Franzosen damals die zu Untergangsfantasien aufgebauschten deutschen Umweltängste.

Und der aktuelle Waldzustandsbericht vom Mittwoch greift das durchaus wieder auf, wenn er feststellt, dass 37% der Bäume 26% ihrer Blätter und Nadeln verlieren.

26% der Blätter und Nadeln. Faszinierend – vor allem die Vorstellung, dass das jemand gezählt hat.

Ich meine, zählen Sie mal die Nadeln am Christbaum.

Dennoch ist das Thema ernst. Toni Hofreiter echauffiert sich nicht ganz zu Unrecht darüber, dass der Bund statt dem Mischwald reine »Baumplantagen« gefördert hat.

Dass die Grünen sowohl in NRW den Braunkohletagebau abgenickt wie auch in Brandenburg der Tesla-Fabrik zugestimmt haben, steht dabei auf einem anderen Blatt.

Zumal man sich in der Grünen Jugend wahrscheinlich viel mehr darüber ereifert, dass man von »der Wald« spricht und somit dem Grün im Lande ein eindeutig männliches Geschlecht zuweist. Das geht gar nicht. Der Wald ist divers! Und Schutz braucht er auch.

Dabei ist Naturschutz vor allem Menschenschutz.

In einer Handvoll Waldboden stecken mehr Lebewesen als es Menschen auf der Erde gibt. Ich kann mir nicht vorstellen, dass sich so eine Macht von uns nachhaltig beeindrucken lässt.

Eben alles eine Frage der Perspektive.

05.03.2021

90 JAHRE GORBI

Diese Woche hat Michail Gorbatschow seinen 90. Geburtstag gefeiert.

Wer hätte gedacht, dass die Landkarte auf seiner Stirn so lange hält? Sogar der Bundespräsident hat ihm gratuliert und gedankt für sein Engagement rund um die deutsche Wiedervereinigung. Ein Dank auf den mancher 89er-Rebell aus der DDR bis heute vergeblich wartet, aber das nur am Rande.

Der Putin hat ihn auch gelobt, den Gorbatschow, als »Persönlichkeit von Weltrang«.

Womöglich, weil er seinerseits den Putin 2014 bei der Invasion auf der Krim gelobt hat.

Egal. Das ist eine innerrussische Angelegenheit.

Im Grunde genommen gehört der Gorbatschow sowieso uns. Das sieht man doch schon daran, dass wir ihn »Gorbi« nennen. Klingt bisserl nach »Ötzi«. Und in der Tat: Mit solchen Verniedlichungen versuchen wir Deutschen ja gerne Menschen zu vereinnahmen, die uns erst mal nicht so ganz geheuer sind. Weil sie entweder aus dem ewigen Eis kommen oder eben aus dem kalten Krieg, so wie der Gorbatschow.

Am Anfang hat ihn der Kohl sogar mit dem Goebbels verglichen. Da hat der Oggersheimer gesagt: »Beides gute Propagandisten.«

Aber dann hat der Kohl eine Strickjacke angezogen, ist in den Kaukasus geflogen und mit einem völlig neuen Bild vom Gorbi zurückgekommen.

Da stellt sich schon die Frage, wie werden wir in 30 Jahren diejenigen sehen, die uns heute regieren?

Oder anders gefragt: Wie viele Strickjacken wird man anziehen müssen, um Merkel in 30 Jahren noch »Mutti« zu nennen?

Und: Wer würde sich heute noch wirklich an Gerhard Schröder erinnern, wenn er nicht proaktiv –
mal als Putins Gasableser, mal mit Hagebutten-Videos – auf sich aufmerksam machen würde?
Ganz zu schweigen vom Söder. Da sinkt der Stern ja schon jetzt.
So wie es an der Basis im Moment brodelt, ist da 2051 nix mit »Södi«. Da kann er froh sein, wenn er dann als Insolvenzverwalter der CSU überhaupt noch in Erinnerung ist.
Aber mei, wir sind halt alle Kinder unserer Zeit. Und wen seine Vergangenheit einholt, der kann nicht unbedingt was dafür.
Weil wir schon bei der CSU sind: Nehmen Sie den Herrn Nüßlein. Auf den wird jetzt eingedroschen. Weil er angeblich für die Vermittlung eines Maskendeals 660 000 Euro Provision kassiert haben soll.
Da sagt man heute: Ein Abgeordneter darf sich für solche Tätigkeiten nicht bezahlen lassen.
Früher hätte man in der CSU gesagt: Ein Abgeordneter darf sich für solche Tätigkeiten nicht so schlecht bezahlen lassen!
Wer weiß: Vielleicht feiert man den Herrn Nüßlein in 30 Jahren rückblickend wieder als Held, weil er in Zeiten großer Not dringend benötigte Masken beschafft hat.
Wobei »Nüßli« wirklich blöd klingt …
Eben alles eine Frage der Perspektive.

18.06.2021

DOMSPATZ*INNEN

Pacta sunt servanda, sagt der Lateiner. Verträge sind einzuhalten. Ähnliches gilt ja auch für Traditionen. Wenn bei einem Trachtler bloß die Feder am Hut falsch sitzt, dann ist schnell mal alles zu spät. Oder wenn einer in München abends Weißwürschte isst. Insofern ist es schon bemerkenswert, dass ausgerechnet die Regensburger Domspatzen jetzt Domspatzinnen dazubekommen.

Nach über 1000 Jahren des Bestehens soll es ab 2022 dort auch einen Mädchenchor geben.

Wenn das der Herr Domkapellmeister Ratzinger noch erlebt hätte … dann hätte ihn womöglich spätestens bei dieser Nachricht der Schlag getroffen.

Und es ist ja auch bemerkenswert.

Eine Tausendjährige Tradition ist ja dann doch nichts, was man einfach so aufgibt. So wie man vielleicht sagt, »ok, früher war Fußball ein reiner Männersport, jetzt gibt's auch Frauenfußball«.

Da muss bei den Domspatzen schon mehr in Bewegung geraten sein.

Gut, wahrscheinlich war alles ganz banal und das Internat wäre ohne Mädchen mangels Nachfrage einfach Pleite gegangen oder wegen Leerstand geschlossen worden.

Aber wenn das dazu führt, dass man katholischerseits die Disziplin »über den eigenen Schatten springen« trainiert, dann sei's drum.

Die Frage ist halt jetzt, was macht man mit dem Mädchenchor?

Wenn jemand die Domspatzen für ein Konzert bucht, dann will er ja wahrscheinlich das Original. Nimmt man dann den

Mädchenchor als Vorgruppe mit? Oder regelt man das über die Gagen?

Das wird auch Probleme geben, von wegen Equal Pay Day und so.

Der Knabenchor hätte ja dann womöglich schon nach einer Strophe die Gage reingesungen, für die die Mädchen ein halbes Konzert geben müssten.

Das geht nicht.

Und was ist mit den kirchlichen Hochfesten. Singen dann die Knaben an Weihnachten und die Mädchen an Ostern? Oder macht man's wie beim G'stanzlsingen und singt sich gegenseitig aus?

Auf dass die Besseren gewinnen.

Das ist auch keine Lösung.

Einen Vorteil haben die Mädchen ganz klar: Sie kommen nicht in den Stimmbruch. Das wirkt sich natürlich aus auf die Vertragslaufzeit. Je länger die ist, umso mehr Profil kann der Chor entwickeln. Vielleicht machen sie einen Gospelchor und singen »Oh happy day«. Dann kommt der Vorwurf der kulturellen Aneignung und sie müssen zurückrudern, wo sie doch gerade erst über den eigenen Schatten gesprungen sind.

Sicher ist, es wird sich was bewegen.

Der Zölibat wurde übrigens 1139 zur Priesterlichen Pflicht. Also 89 Jahre nach Gründung der Regensburger Domspatzen im Jahre 1050. Wenn sich eh grade alles bewegt, tut sich da vielleicht auch was. Hochgerechnet wäre das im Jahre 2110. In katholischer Zeitrechnung gerade mal ein Katzensprung.

Eben alles eine Frage der Perspektive.

27.06.2021

HUNDE-BOOM

Erinnern Sie sich noch an die Fernsehserie »Boomer, der Streuner«?

Ein zotteliger, herrenloser Hund, der aus dem Nichts auftaucht, Menschen hilft und nach getaner Arbeit wieder verschwindet?

Daran muss ich zurzeit denken, wenn ich bei mir im Park unterwegs bin.

Heerscharen von Hunden, nicht herrenlos, auch nicht hilfreich, aber da wie aus dem Nichts.

Die Seuche hat die Menschen anscheinend auf den Hund gebracht.

Gut, es ist eine der Widersprüchlichkeiten im neuen bayerischen Absolutismus unter König Markus I., dass Sie mit Hund die ganze Nacht spazieren gehen dürfen, ohne Hund aber möglichst um Neun im Bett liegen sollen.

Womöglich fürchtet sich der Virus vor Hunden.

Aber das allein kann ja nicht der Grund für den Hundeboom sein. Da würde es ja auch reichen, sich eine Leine zu kaufen und zu sagen: »Grad ist er mir abgehaut, ich suche ihn.«

Nein da muss schon mehr dahinterstecken.

Zumal ja noch ein anderer Aspekt hinzukommt. Achtung ganz böses Wort:

Die Rasse.

Ohne Rassehund sind sie raus.

Ich habe zum Beispiel einen neun Jahre alten Mischling. Wenn ich mit dem unterwegs bin, dann war das bis vor einiger Zeit der süßeste Hund, den's gibt. Zumindest sind ihm die Leute so begegnet. Neuerdings kommt immer gleich die Frage, »was ist denn das für eine Rasse? – Keine. – Na dann …«.

Das hat, wenn Sie mich fragen, mit VW zu tun.

Die haben 2015 den Dieselskandal ausgelöst und damit das Statussymbol Auto nachhaltig beschädigt. Drum hat's jetzt was Neues gebraucht.

Nach dem fahrbaren Prestigeobjekt jetzt das Selbstlaufende. Der Hund.

So eine Art Pelzmantel auf vier Beinen.

Damit das dauerhaft funktioniert, müssen natürlich immer ausgefallenere Rassen her.

Was habe ich neulich aufgeschnappt?

Den »Maltesischen Kapitänshund«. Da stellt sich natürlich die Frage: Was unterscheidet den maltesischen Kapitänshund vom zypriotischen Busfahrerhund?

Die Story natürlich.

Maltesische Kapitäne haben ihn früher mit aufs Meer genommen. Drum hat er auch so langes Fell, damit er sich bei Seegang in der Reeling verheddert und nicht über Bord geht. Oder so ähnlich.

Ich sage jetzt bei meinem Hund immer, das ist ein chinesischer Suppenhund. Dann setzt der Mitleidseffekt ein, was mein erfahrener Hund sehr geschickt in das Erbetteln von Leckerli umzusetzen versteht.

Vielleicht wäre er da disziplinierter, wenn er in der Dackelwelpenschule gewesen wäre. Gibt's.

Wobei er ja eher ins Mischlings-Internat gemusst hätte. Dackel ist bei ihm nur ein Anteil.

Ist übrigens eine »Sie« mein Hund.

Da müssen Sie heute auch aufpassen!

Das setze ich bei meinem Hund noch oben drauf. Ich sage nicht mehr »Mischling« ich sage, der ist divers.

Eine diverse chinesische Suppenhünd*In. Dann bin ich der King.

Eben alles eine Frage der Perspektive.

Hunde-Boom

02.07.2021

BAERBOCK UND DAS ABSCHREIBEN

In der Schule liegt zwischen dem Einser und dem Sechser manchmal nur eine Sekunde der Unachtsamkeit.

Jene Sekunde nämlich, in der man so sehr mit Abschreiben beschäftigt ist, dass man nicht bemerkt, wie einen der Lehrer beobachtet. Und zack, wird aus der vermeintlich intelligenten Individual-Leistung ein Unterschleif und damit ein Sechser.

Und da gilt dann die Ausrede, man hätte ja schließlich beim Banknachbarn nur bekannte Tatsachen, etwa physikalische Gesetzmäßigkeiten, abgeschrieben, gar nichts.

In der Politik geht das schon. Da kann man durchaus sagen: »Ja, das was ich abgeschrieben habe, das hat sich ja der Beklaute auch nicht selber ausgedacht, das sind ja allgemein bekannte Tatsachen:« So argumentiert jetzt Frau Baerbock im Zusammenhang mit Plagiatsvorwürfen in ihrem Buch. Oder vielmehr, so lässt sie argumentieren.

Das machen in der Politik alles Anwälte, Star-Anwälte versteht sich. Politiker würden eine Schulaufgabe gar nicht schreiben, ohne dass ein Star-Anwalt daneben sitzt.

Mich erinnert das an den guten Ralph Siegel. Als der einmal in den Verdacht geriet, bei Wolfgang Petry geklaut zu haben sagte er:

»Es gibt nun mal nur acht Töne und nur eine Tonleiter. Die beiden Lieder haben nichts miteinander zu tun. Der Vorwurf ist lächerlich.«

Zwischentöne spielen ja in der Schlagerszene generell keine allzu bedeutende Rolle, aber abgesehen davon ist das doch eine prima Argumentation.

Es gibt nur acht Töne. Und genauso gibt es auch nur 26 Buchstaben. Da kann es einfach passieren, dass man Texte genauso zusammensetzt, wie das vorher schon mal jemand anderer getan hat.

Im Fall von Ralph Siegel hat der verantwortliche Redakteur sogar noch einen draufgesetzt:

»Nur die erste Hälfte des Refrains ist ähnlich. Das macht den Song aber noch nicht zu einem Plagiat, das gegen die Grand-Prix-Regeln verstoßen würde.«

Die Hälfte!

Damit wäre Frau Baerbock ja endgültig über jeden Plagiatsverdacht erhaben. Bei ihr geht es ja lediglich um ein paar Textstellen, also wo soll da noch ein Problem sein?

Ich finde, wenn man den Grünen momentan was vorwerfen muss, dann, dass sie nicht kreativ genug sind im Erfinden von Ausreden!

Was heißt »Rufmord« oder »Schmutzkampagne«?

Dass im Wahlkampf jeder Stein im Leben der Kandidaten umgedreht wird, ist heute ganz normal.

Und dass vor Wahlen für die Kandidaten von Ghostwritern eilig Bücher zusammengeschustert und auf den Markt geworfen werden, auch.

Die heißen dann »Hoffnungsland«, »der Machtmenschliche« oder eben »Jetzt«, wie bei Frau Baerbock.

Und eines verbindet solche Politiker-Schnellschüsse allesamt:

Dass sie nur von sehr wenigen Menschen wirklich gelesen werden.

Womöglich sogar ausschließlich von Plagiatsjägern.

Eben alles eine Frage der Perspektive.

01.10.2021

EINWOHNER-REKORD

13 154 738. Diese Zahl müssen Sie kennen! Sie ist nämlich der neueste Beleg für die geradezu extraterrestrische Größe unseres Freistaates.

13 154 738 Einwohner zählt Bayern derzeit und damit so viele wie nie zuvor. Damit sind wir so groß wie Österreich und Kroatien zusammen, größer als Belgien, Ungarn, Schweden und Irland und trotzdem nur ein Bundesland und kein souveräner Staat.

Ja sag einmal, darf das sein?

Zumal der bayerische Innenminister Herrmann sofort und unmissverständlich klargemacht hat, woher diese Größe Bayerns kommt.

Von den »hervorragenden Lebensperspektiven und der wirtschaftlichen Entwicklung im Freistaat«, hat er gesagt und damit »von der CSU« gemeint.

Und was ist der Dank der 13 Millionen?

31,7 %. Das schlechteste CSU-Ergebnis aller Zeiten.

Jetzt wissen wir natürlich dank dem Loisachtaler Wahlforscher Edmund Stoiber schon seit der Landtagswahl 2018, wer daran schuld ist: Die Zuag'roastn. Wandern einfach zu, weil es hier gute Jobs und ein einkömmliches Auskommen gibt, ohne sich vorher umfassend darüber zu informieren, wem sie das – historisch betrachtet – zu verdanken haben. Das ist schon ein dicker Hund und die Schattenseite des Erfolges. Es gibt in Bayern mittlerweile offenbar nicht wenige Einwohner, denen Namen wie Hanns Seidel oder Alfons Goppel nichts mehr sagen! Weil sie 1960 nicht nur nicht in Bayern gewohnt haben, sondern darüber hinaus noch nicht einmal geboren waren.

Und heute leben die einfach hier in der Gegend herum, ohne jeden Morgen zum heiligen Franz Josef zu beten.

Das hat die CSU nicht verdient.

Vor allem, wenn man in die Zukunft denkt, was die CSU ja nach eigenem Bekenntnis stets tut.

Irgendwann hat Bayern 20 oder 30 Millionen Einwohner und die CSU wählt kein Mensch mehr.

Höchste Zeit, sich an den bayerischen Papst zu erinnern und umzudenken.

Ratzinger hat immer gesagt, lieber eine kleine Kirche, die im Glauben fest ist, als eine riesige, in der die Beliebigkeit vorherrscht.

Bayern muss wieder runter.

1870 hatte Bayern rund fünf Millionen Einwohner und war was? Eigenständig.

Gut, die CSU hat es damals noch nicht gegeben, aber den König Ludwig und der hätte bestimmt CSU gewählt.

Und dann hätte die CSU damals schon so eine erfolgreiche Politik machen können, dass Bayern schon damals 13 Millionen Einwohner gehabt hätte und dann wäre Bayern auch nicht dem Deutschen Reich beigetreten, sondern umgekehrt und Bayern wäre heute überall und Markus Söder wäre Bundeskanzler.

Und der Laschet wäre heute noch Volontär bei Radio Charivari.

Bayern mag heute so groß sein wie noch nie, aber hinter seinen Möglichkeiten ist es weit zurück-geblieben.

Eben alles eine Frage der Perspektive.

22.10.2021

HOENESS UND DIE VEGANER

Uli Hoeneß hat mal wieder einen rausgehauen.

Im Interview hat er gesagt:

»Vegetarisch akzeptiere ich noch ein bisschen, vegan überhaupt nicht, weil die Leute auf Dauer krank werden!«

Wer die aggressive Überheblichkeit und ideologische Verbissenheit mancher Veganer schon einmal erlebt hat, kommt nicht umhin, dem Bratwurst-König ein bisschen Recht zu geben. Einerseits.

Andererseits ist die Hingabe an die schiere Fleischeslust auch alles andere als ein Jungbrunnen … und das Klima … und die Tiere … und vor allem jenes, ohne das sich der Deutsche nicht wohl fühlt:

Das schlechte Gewissen.

Das hat der Uli Hoeneß übrigens auch. Halt weniger den Schweinen und Rindern gegenüber, sondern eher im sozialen Bereich.

Ab und zu was spenden und laut drüber reden, damit fühlt sich der eigene Reichtum gleich viel besser an.

Genauso, wie es sich anscheinend viel besser anfühlt, statt Fleisch Nüsse zu essen, um an Mineralstoffe und Spurenelemente zu kommen. Gute Sache, bestimmt!

Aber warum machen Veganer aus Nüssen, roten Beeten und so weiter so gerne Fleisch? Also Fleischersatz?

Vegane Weißwürste zum Beispiel. Grau in der Farbe und im Kunststoff-»Darm«?

Ich mache ja auch keine Quinoa-Samen aus zerbröselten Fleischpflanzerln.

Geht es darum, zu zeigen, dass die anderen, in dem Falle die Fleischesser, alles falsch machen?

Das ist doch heute der stärkste Motor überhaupt:
Die unbändige Lust, zu den ultimativ Guten zu gehören.

Denn sind wir uns ehrlich: Dem Planeten ist es ziemlich wurscht, was wir machen. Ob wir jetzt jeden Tag Hoeneß-Bratwürste grillen oder uns im verpackungsfreien Supermarkt von Vogelfutter ernähren, »Homo Sapiens« wird so oder so in der Erdgeschichte nur eine Episode bleiben. Und selbst wenn Uli Hoeneß den Blutwerte-Vergleich, den ihm eine streng vegan lebende Schauspielerin jetzt angeboten hat, verlieren wird, so nützt das der Dame reichlich wenig, wenn sie am nächsten Tag ein Auto über den Haufen fährt.

Was niemandem nützt ist, wenn wir uns gegenseitig angiften und vorführen. Es ist gut, wenn man aktiv gegen Massentierhaltung eintritt.

Aber wenn ich bei Bauern bin, die ihre Arbeit anständig machen, dann habe ich immer den Eindruck, die Tiere sind mit dem Deal ganz zufrieden.

Freie Kost und Logis auf Lebenszeit – und deren Länge bestimmt der Chef. So eine Art bedingungsloses Grundeinkommen auf Nutztier-Niveau.

Wie schön, dass wir hierzulande so trefflich darüber streiten können, ob wir Fleisch essen oder weglassen sollen, ob wir in Urlaub fliegen oder zu Fuß gehen, ob wir eAuto oder Diesel fahren sollen.

Solche Debatten muss man sich erst einmal leisten können.

Eben alles eine Frage der Perspektive.

29.10.2021

ALLERHEILIGEN

Wie hat einst der bayerische Universalkünstler Herbert Achternbusch gereimt:

»Wenn es schneit, dann schneit es weiß, wenn's gefriert, dann gibt's ein Eis, wenn Du älter wirst kriegst graue Haar' und wenn es aus ist ist es gar.«

Ein wunderschöner Grabspruch wäre das, genau passend zum jetzt beginnenden November mit all seinen Trauer- und Gedenktagen.

»Der November war noch nie schön!«.

Das ist nicht von mir. Das hat der Söder gesagt, genau vor einem Jahr, zum Beginn des sogenannten »Lockdown light«, der ihn dann, wie von anderen »light«-Produkten bekannt, süchtig gemacht hat. Drum hat er auch bis Juni gedauert, der Lockdown.

Ich habe mir da schon gedacht: Nein. Stimmt nicht, Söder, der November ist schon schön.

Das fängt mit Allerheiligen an.

In Bayern, zumindest am Land, ist Allerheiligen vielerorts so etwas wie ein kleines Weihnachten. Die Familie kommt zusammen, man trifft aber auch alte Bekannte und freut sich, nach einem feierlichen gemeinsamen Totengedenken samt Gräbersegnung, den Friedhof wieder lebendig verlassen zu können und sitzt im Idealfall lustig beieinander. Ganz ohne den weihnachtlichen Geschenke-Druck.

Eine schöne Sache, denn allzu sehr will man schließlich über das »memento mori« dann auch wieder nicht nachdenken.

Wahrscheinlich handelt es sich dabei heute um den verdrängtesten Gedanken überhaupt.

»Bedenke, dass du sterblich bist!«

Zumindest kann man diesen Eindruck gewinnen, wenn man sich anschaut, wie diese Gesellschaft mit den Alten umgeht, während sie die Jugend geradezu vergöttert.

Auf einer steirischen Friedhofsmauer habe ich den Spruch gelesen: »Wir waren, was ihr seid. Ihr werdet, was wir sind.«

Im ersten Moment denkt man sich: Ist ja allerhand! »Wir waren, was ihr seid!« Wie viele Deppen liegen auf dem Friedhof? Und Verbrecher und überhaupt?

Aber auch von denen ist nichts mehr übrig – außer ein paar Knochen vielleicht, weil der Tod halt alle gleich macht.

Die Rücksichtslosen, die Opfer der Umstände und die Guten. Sogar die Besseren. Das lehrt der November: Richtig und Falsch ist relativ und Gut und Böse erst recht.

Drum schätze ich den November. Ein nebliger Monat, der Klarheit bringt.

Zumindest über die eigene Zukunft, also diejenige nach einem möglichst langen und gesunden Leben.

Dass man den Sachverhalt auch sehr viel pragmatischer betrachten kann, habe ich letzte Woche im protestantisch-atheistischen Sachsen erfahren.

Dort war ich auf Tournee und was habe ich in der Zeitung gelesen?

»Am Totensonntag hält der Impfbus am Friedhof.« Ein echtes November-Angebot!

Eben alles eine Frage der Perspektive.

22.11.2021

GERÄUSCHE UND GERÜCHE

Die Franzosen haben es uns vorgemacht:
Landestypische Geräusche und Gerüche stehen dort als sogenanntes »sensorisches Kulturerbe« im französischen Umweltrecht.

Das wiederum hat jetzt Florian Streibl, der Fraktionschef der Freien Wähler im Landtag, aufgegriffen und diesen gesetzlichen Schutz auch für Bayern gefordert.

Und es ist ja auch gut, Prozesshanseln und Krawallheinis klarzumachen, dass man, wenn man sich für's Landleben entscheidet, gefälligst damit zu rechnen hat, dass man das Land dann eben nicht nur sieht, sondern auch riecht.

In Frankreich kann übrigens jede Region selbst festlegen, welche Geräusche und Gerüche jeweils als landestypisch zu gelten haben.

Das wäre auch für Bayern klug. Schließlich ist in München die Zahl der Misthaufen begrenzt, dafür stinkt es im Fichtelgebirge weniger nach Geld als in der Landeshauptstadt.

Und da muss man ja auch noch weiter differenzieren:
Als Kind des Münchner Nordens muss ich sagen, der Geruch der BMW-Lackiererei ist für meine alte Heimat München-Milbertshofen weitaus typischer als jener der Backstuben der Hofpfisterei in der Maxvorstadt.

Freilich gibt es Geräusche und Gerüche, die sind überregional typisch. Kirchenglocken zum Beispiel, Rasenmäher oder Verkehrslärm.

Bayern ist ein Autoland, da gehört das Rauschen der Autobahn im Grunde noch mehr zum sensorischen Kulturerbe wie das Rauschen des Steigerwaldes.

Oder um es deutlicher zu machen:

Ein friedliches Waldesrauschen kann überall sein, aber erst, wenn ich am Samstag um sieben Uhr morgens den Rasenmäher meines depperten Nachbarn höre, weiß ich, jawoll, ich bin daheim.
Gut, Rasenmäher gibt es natürlich auch außerhalb Bayerns, aber was ist mit anderen nervigen Geräuschen?
Statements von Katharina Schulze zum Beispiel. Gibt's noch nicht allzu lang, sind aber mittlerweile sehr typisch. Oder fadenscheinige Stellungnahmen unseres Ministerpräsidenten, mal zu Steuererhöhungen, mal zum Klimaschutz.
Das wird gerade auch außerhalb Bayerns doch wirklich als enorm landestypisch empfunden. Stellt man also Herrn Söder und Frau Schulze als sensorisches kulturelles Erbe Bayerns unter Schutz?
Was macht man dann mit Hubert Aiwanger, Deutschlands einzigem Oppositionspolitiker mit Ministerrang? Der hat ja auch einen sehr spezifischen Klang, Stichwort »Opfesoft«.
Zu viel der Ehre wahrscheinlich.
Zumal das mit dem Schutz ja noch eine ganz andere Problematik birgt:
Von geschützten Tieren weiß man ja, dass man irre viel für sie tun muss, damit sie nicht trotz Schutz aussterben. Nationalparks ausweisen oder auf große Bauprojekte verzichten.
Bei den Geräuschen und Gerüchen hieße das zum Beispiel: Kein Discounter mehr im Gewerbegebiet, damit der Bäcker im Ort überleben kann.
In Bayern geradezu unvorstellbar. Aber original »Bäckereigeruch aus der Dose« im Regal vom Discounter, das wäre drin.
Eben alles eine Frage der Perspektive.

26.11.2021

BAYERN SCHWACH

»Die Ampel steht!«. Mit diesem Satz hat der zukünftige Kanzler Olaf Scholz am Mittwoch wieder einmal bewiesen, was für ein scharfer Analytiker und kluger Stratege er ist.

Wer hätte das am Mittwoch gemerkt, wenn es der zukünftige Kanzler nicht gesagt hätte, dass »die Ampel steht«.

Jetzt ist die Frage bei einer Ampel – um im etwas kindlichen Bild einer Ampel zu bleiben – primär nicht ob sie steht, sondern welche Farbe sie anzeigt. Rot nervt, gelb ist riskant und Grün ist gut, aber nur für die, die grade Grün haben. Die anderen haben dann nämlich Rot.

Aber darauf hat Robert Habeck auch hingewiesen, dass diese Regierung »den Menschen einiges zumuten wird.«

Stimmt. Das hat sie mit einer Außenministerin Baerbock auch bereits getan. Dass sich manche Menschen Merkel zurückwünschen finde ich schon schräg, aber dass wir angesichts einer deutschen Chefdiplomatin Baerbock am Ende noch den Bundeskommunionanzug Heiko Maas rückblickend als fähigen Außenminister … Nein, das will ich mir nicht vorstellen!

Was im neuen Kabinett fast ganz fehlt sind: Bayern. Vor allem in den Ressorts, wo Geld zu holen ist.

Verteidigung, Forschung und Verkehr.

In Peißenberg ist glaube ich immer noch »Danke Dobrindt« plakatiert. Gut, wenn man dort die gigantische Ortsumgehung im Vergleich zur vor sich hin dümpelnden Bahnlinie anschaut, könnte das »Danke Dobrindt!« eventuell ironisch gemeint sein, dennoch stellt sich die Frage: Was wird jetzt aus Bayern?

Weißblau leuchtet eine Ampel schließlich NIE!

Markus Söder hat's ja schon angedeutet, wo er gesagt hat: »Aus Berlin kommen jetzt Steine statt Brot!«. Mit anderen Worten, es droht eine neue Steinzeit in Bayern. Ein Riesenproblem, schon wegen der Höhlenknappheit! Und dann muss man ja in der Steinzeit alles aus Stein machen. High Tech, eAutos, Solarzellen, Impfstoffe. Brutal.

Andererseits haben die Menschen in der Steinzeit in Sippen gelebt. Das wiederum käme der CSU durchaus entgegen.

Trotzdem: Dass ausgerechnet Bayern seine Bedeutung im Bund verliert, das ist schon ein dicker Hund. Und weil ich gerade von Franz Josef Strauß spreche:

Wäre das nicht der ideale Zeitpunkt, sich endgültig zu separieren? Den historischen Fehler von 1870 rückgängig zu machen?

Womöglich würde es zum jetzigen Zeitpunkt in Berlin gar niemand merken, wenn man die bayerischen Grenzen Richtung Norden dicht machen würde!?

Und stattdessen die Richtung Österreich öffnen. Vom Corona-Management her passt das schon mal perfekt und die Blockabfertigung könnte man an die hessische Grenze verlagern.

Und selbst wenn's den Söder nach der nächsten Corona-Welle an den Strand spült, ein Topp Nachfolger hätte ja jetzt Zeit.

Der Scheuer Andi. Als untragbarster Ministerpräsident aller Zeiten.

Eben alles eine Frage der Perspektive.

2022

Russland greift die Ukraine an. Putin nennt es »Spezialoperation«. Tolstois Jahrhundert-Roman »Krieg und Frieden« darf vorerst weiter so heißen.

Auch wir lernen neue Wörter. »Zeitenwende« oder »Sondervermögen« statt Schulden. »Negativwachstum« kannten wir schon. Das Gegenteil wäre »Plusschrumpfung«.

Eine solche erlebt die Weltbevölkerung und überschreitet die 8 Milliarden-Grenze. Der Westen marginalisiert sich weiter.

Die Queen stirbt, Gorbatschow stirbt und Papst Benedikt XVI. stirbt. Mit ihnen stirbt eine Zeit. Wann eine neue Zeit geboren wird ist unklar.

Die deutsche Bahn bricht mit der Eröffnung der Schnellfahrstrecke Ulm-Stuttgart wieder einmal in die Zukunft auf. Nach Problemen mit der Signaltechnik fahren manche Züge sicherheitshalber wieder über die alte Strecke.

Fußball bizarr. WM im Dezember in Katar. Unsere Mannschaft scheidet nach der Vorrunde aus dafür feiert unsere Innenministerin Frenzy Naser mit Armbinde im Emirat die Überlegenheit der moralischen Weltmacht Deutschland.

Was sonst noch war lesen Sie auf den folgenden Seiten.

21.01.2022

WELTUNTERGANGSUHR

Gestern feierte die Weltuntergangsuhr ihren 75. Geburtstag. Eine gute Nachricht, besonders, wenn man bedenkt, dass die Welt ihren Untergang seither schon 75-mal überlebt hat. Das ist doch was!

Wäre sie nicht 1947 in den USA erfunden worden, könnte die Weltuntergangsuhr direkt die ur-deutscheste aller Erfindungen sein. German Angst als Zifferblatt.

Seit drei Generationen warnt sie im Auftrag internationaler Wissenschaftler vor dem Atomkrieg, vor der Klimakatastrophe, vor Trump, Nordkorea, fehlender Abrüstung, alles selbstverständlich ohne jedwede parteipolitische Agenda.

Einfach nur um des Warnens Willen zum Jahresanfang.

Ihre Zeiger standen seit ihrer Erfindung noch nie woanders als im letzten Drittel der Stunde, 1947 startete sie um 7 Minuten vor zwölf und jetzt steht sie – wie könnte es anders sein – wenige Sekunden vor Mitternacht, dem Weltuntergang also.

Dabei bleiben die zeitmessenden Apokalyptiker in den USA eine Antwort schuldig: Was das Ende der Menschheit mit dem Ende der Welt zu tun haben sollte? Womöglich geht für unseren Planeten das Leben dann ja erst so richtig los …

Wir in Deutschland brauchen so eine Uhr übrigens gar nicht. Wir haben dafür einen eigenen Minister. Karl Lauterbach.

Bei dem ist es immer fünf vor zwölf. Eigentlich schon fünf nach zwölf. Die nächste Dreißigtausender-Inzidenz samt Mega-Viruswelle lauert bei unserem Gesundheitsminister hinter jeder Corona-Wand.

Und das nicht nur im Januar, so wie bei der Weltuntergangsuhr. Bei unserem momentanen Gesundheitsminister schlägt's das ganze Jahr dreizehn!

Selbst jetzt, in Amt und Würden, tingelt er von Talkshow zu Talkshow und singt das Hohelied von einer Wissenschaft, die nur er versteht.

Deswegen verkürzt seine Behörde, das RKI, den Genesenenstatus auf drei Monate, während ihn die Schweiz auf zwölf Monate verlängert.

In der Schweiz haben sie eben keine Weltuntergangsuhr im Gesundheitsministerium sitzen. Und selbst wenn: Eine Schweizer Uhr, die immer fünf vor zwölf anzeigt, würde schnell als chinesische Fälschung entlarvt, womit ich nicht sagen möchte, dass unser Bundesgesundheitsminister nicht ganz richtig tickt. Überhaupt nicht.

Der hat eine Mission. Deswegen ist er ja andauernd im Fernsehen und jeder kennt seine Texte.

Wobei – und da will ich jetzt einmal selbst Weltuntergangsuhr spielen – da kann ich nur warnen!

Gus Backus, Roberto Blanco, Tony Marshall:

Die waren allesamt Stars im Fernsehen, ihre Lieder konnte jeder mitsingen, und dennoch sind sie irgendwann als Möbelhaus-Eröffnungs-Sänger geendet.

Darum: spätestens wenn bei Ihnen in der Nähe der Segmüller oder der Lutz eröffnet und dort Karl Lauterbach über Inzidenzen spricht, können Sie sicher sein: es ist auf dieser Welt wieder einmal anders gekommen wie prophezeit.

Eben alles eine Frage der Perspektive.

11.02.2022

BUNDESPRÄSIDENT

Am Sonntag wird Frank-Walter Steinmeier noch mal zum Bundespräsidenten gewählt. Mit überwältigender Mehrheit. Sogar Murat Kurnaz soll inzwischen dafür sein.

Entschieden wird am Sonntag in dem Sinne allerdings nichts mehr.

Das hat man bereits während der Koalitionsverhandlungen im Herbst eingetütet und die Union hat Steinmeier ihre Zustimmung zur Wiederwahl am 5. Januar zum Geburtstag geschenkt.

Ist schon spektakulär, so eine Wahl, die hinter den Kulissen längst vollzogen ist. Ein Abbild unserer Demokratie. »Alternativlos«, hat man dazu die letzten 16 Jahre gesagt.

Es macht ja auch nichts. Schließlich geht es lediglich ums Staatsoberhaupt und dieses ist nach dem Grundgesetz ja eher eine Mischung aus oberstem Notar und Trauerredner.

Im Grunde könnte die Arbeit auch von der Bundestagspräsidentin mit übernommen werden.

Oder von einem König. Da würde man sich die Wahlen sparen, dafür würde die Hofhaltung stärker zu Buche schlagen.

Und welches Herrscherhaus käme in Frage?

Hohenzollern? Nein. Da muss erst einmal die Vergangenheit geklärt werden.

Wittelsbacher? Schon eher. Aber welcher Wittelsbacher ginge freiwillig nach Berlin? Wenn, dann bräuchte man so einen wie Ludwig II.

Der sich in die Berge zurückzieht und das Land am liebsten verkaufen würde.

Zumindest für das Land Berlin wäre das eine echte Option.

Lassen wir das, ist ja rein spekulativ.

Spannender ist da schon die Frage, was Frank Walter Steinmeier sagen wird, in seiner zweiten Antrittsrede für seine zweite Amtszeit?

Es gilt ja immer eins drauf zu setzen, vor allem, weil das Amt des Bundespräsidenten ja nach zwei Amtsperioden definitiv endet.

Sonst könnte er es einfach machen wie Angela Merkel und so lange verlängern, bis die Bevölkerung rein gar nichts mehr erwartet.

Aber als Bundespräsident ist es wichtig, Spuren zu hinterlassen. Bei Herzog war's der Ruck, bei Wulff der Islam und Gauck hat so viel gesagt, dass man sich gar nicht mehr richtig erinnern kann.

Eine große Geste wäre gut.

So wie der Kniefall von Willy Brandt.

Das war einmalig, nicht wiederholbar.

Aber ein Handstand vielleicht oder ein Purzelbaum.

Bloß: Zu welchem Anlass sollte der Bundespräsident einen Purzelbaum … das ist nicht vorstellbar.

Ein Spagat. Das wäre nicht schlecht.

Ein Spagat als Symbol für die Kompromissfähigkeit der Demokratie. Als alter SPD-Mann hat er mit dieser Übung doch reichlich Erfahrung.

Einen ersten Ansatz böte gleich die Bundesversammlung am Sonntag:

Zu der hat nur Zutritt, wer getestet ist, der Impfstatus spielt keine Rolle.

Es muss ja nicht gleich ein Spagat sein, aber da eine Brücke zu Kultur und Gastro zu schlagen, das wäre doch eine schöne erste Übung zu Beginn der zweiten Amtszeit.

Eben alles eine Frage der Perspektive.

18.03.2022

SAHARA-STAUB

Im Bayerischen erzeugt man ja gerne widersprüchliche Wortverbindungen, wenn ein Zustand nach besonders drastischer Beschreibung ruft:

Auf der Baustelle nebenan wird's schee staad laut, in größter Eile pressiert's langsam und einer, der gar nichts im Hirn hat, ist g'scheit blöd.

Diese Woche ist es in Bayern deswegen auch sauber dreckert. Weil uns aufgrund von einer bestimmten Wetterlage wieder einmal die Sahara besucht hat. Letztes Mal kam sie im Winter, zusammen mit dem Schnee. Das war wesentlich praktischer, weil damit automatisch gleich gegen Glätte gestreut war – Sicherheits-Schnee war das. Direkt Patent-verdächtig.

Aber jetzt?

Große Teile Bayerns sind mit gelbem Staub überzogen, vollkommen sinnlos, dafür umso hartnäckiger.

Wie hat mein Nachbar gesagt: Erst kommen die Flüchtlinge aus Afrika und jetzt kommt die Sahara hinterher.

Die Frage ist halt, was machen wir mit der Sahara. Ich habe was von 175 Millionen Kubikmetern Sand gehört, die da insgesamt runtergekommen sind.

Angesichts der exorbitanten Baustoffpreise kann man das doch nur als Geschenk des Himmels betrachten. Also: Jeder, der in dieser Situation sein Auto einfach wäscht, verschwendet Rohstoffe!

Kluge Köpfe erkennen die Chance: Nicht waschen, bunkern ist angesagt! Zusammenkratzen was geht.

Nachts, wenn die Nachbarn schlafen, heimlich die Autos abkehren. Klar, der Sand macht Kratzer im Lack, aber darauf darf in Krisenzeiten keine Rücksicht genommen werden! Solidarität, das galt vielleicht beim Impfen, aber jetzt gilt wieder: »Wer zuerst kommt, malt zuerst«. Oder vielmehr »baut zuerst«.

Die Gehwege fegen, die Dächer – was da rumliegt, unglaublich. Wie gesagt, 175 Millionen Kubikmeter!

Schauen Sie mal nach, was Sand kostet! Ich habe welchen gefunden für 33 Euro die Tonne. Und ein Kubikmeter Sand wiegt weit mehr als eine Tonne. Da kommt schnell eine beachtliche Summe zusammen: 100 Tonnen machen 3300 Euro. Wenn man da einen Monat lang fegt, das könnte sich lohnen, besonders, wenn man eine große Familie hat und alle mitmachen …

Wenn von der Oma bis zum Enkel alle kehren und saugen, da könnte man schon mal ein kleines Vermögen zusammenkratzen.

Und hoffen auf eine Wetterlage, in der es Sonnenblumenöl, Klopapier oder Diesel regnet.

Was sagen Sie? Das ist ein Schmarrn?

Da haben Sie womöglich Recht.

Aber ganz ehrlich: Wenn ich mir anschaue, wie die Leute in dieser Woche das Sonnenblumenöl kanisterweise aus den Geschäften herausgetragen haben ohne die geringste Idee, was sie mit solchen Mengen anstellen sollen, nur weil ihnen erzählt wurde, dass es jetzt knapp werden könnte, dann sage ich Ihnen: Die Menschheit ist vernunftbegabt, aber sie macht entschieden zu wenig daraus.

Eben alles eine Frage der Perspektive.

06.05.2022

OFFENE BRIEFE

Briefe schreiben, das war einmal etwas Alltägliches und noch heute fordert die Post offen dazu auf. 2019 gab es sogar eine Briefmarke mit dem Slogan »schreib mal wieder«.

Was man bei der Bonner Briefbeförderungsfirma damit wahrscheinlich eher nicht gemeint hat, sind »offene Briefe«.

An sich ja ein Widerspruch in sich. Ein offener Brief. War früher ein Brief offen, dann war er entweder von der Stasi überm Dampfbad illegal geöffnet worden oder es landete als »Drucksache«, was ein behördendeutsches Wort für Werbung war, zumeist unbesehen im Papierkorb.

Wenn heute ein Brief offen ist, dann handelt es sich dabei auch um eine »Drucksache«, allerdings kommt der Druck vom Inhalt.

Je mehr unterschreiben, desto größer ist der Druck. Den Brief von Alice Schwarzer an den Kanzler GEGEN die Lieferung sogenannter schwerer Waffen in die Ukraine haben inzwischen Hunderttausende unterschrieben. Ob ihn der Adressat indes überhaupt gelesen hat, ist nicht bekannt. Beim Gegenbrief von Ralf Fücks FÜR die Lieferung solcher Waffen haben inzwischen auch viele unterschrieben und dann gibt es natürlich noch Neben-, Zusatz- und Ergänzungsbriefe von solchen, die sich dazu berufen fühlen.

Schließlich soll nächstes Jahr der Senf knapp werden, es gilt also, sich ranzuhalten.

Und der klassische Weg in der Demokratie, nämlich in der Debatte zum Kompromiss zu finden, der ist aus der Mode, seit Twitter Kommunikationsplattform Nummer eins wurde.

Wer am schnellsten einen raushaut steht im Rampenlicht – zumindest bis die nächste steile These folgt.

So wurden aus Corona-Maßnahmen-Kritikern Covidioten und aus Leuten, die sich impfen ließen Schlafschafe und so werden jetzt aus Pazifisten Friedenshetzer oder solche, die sich vor Putin in die Hose machen.

Den Waffen-befürwortenden Briefeschreibern gilt der Wunsch nach Frieden bestenfalls als naiv, Siegesrhetorik hingegen als das Gebot der Stunde.

Bleibt die Frage, was eine von den USA bis an die Zähne bewaffnete Ukraine ausgerechnet mit altem deutschen Kriegsgerät anfangen soll?

Hier bekommt das Wort »Briefgeheimnis« eine völlig neue Bedeutung.

Ein Kompromiss wäre zum Beispiel die Lieferung des G36, unseres ultraleichten Sturmgewehrs von Heckler und Koch. Das verfehlt unter Dauerfeuer sein Ziel um bis zu sechs Meter, weil sich der Lauf verzieht. Durchaus ein pazifistischer Ansatz mitten im Gefecht.

Ich finde es übrigens auffällig, dass wenige – ich glaube sogar gar keine – Militärs offene Briefe unterschrieben haben.

Womöglich, weil sie ein Geheimnis kennen: Krieg ist die radikalste Form der Abrüstung. Mit dem klitzekleinen Nebeneffekt, dass hinterher alles kaputt ist.

Eben alles eine Frage der Perspektive.

13.05.2022

PASSIONSSPIELE OBERAMMERGAU

Im kalten Krieg war die Angst vor dem Russen enorm. »Der Russe kommt«, war damals in aller Munde, mehr noch als derzeit.

Hinterfotzige Menschen haben dann gerne gefragt: »ob er aber über Oberammergau oder aber über Unterammergau oder aber überhaupt nicht kommt …?«

Diese Frage stellt sich ab morgen in Oberammergau erst einmal nicht.

Denn da kommt die ganze Welt. Schließlich beginnen die Passionsspiele.

Dieses Mal hat's statt zehn zwölf Jahre gedauert, weil das Gelübde von 1634 zwar die Pest vom Ort ferngehalten hat, für andere Seuchen jedoch offenbar ungültig war.

Und in diesen zwölf Jahren hat sich ja jede Menge verändert, sodass sich unweigerlich die Frage aufdrängt, wie zeitgemäß müssen Passionsspiele sein?

Proteste von militanten Tierschützern gegen den Einsatz von Eseln beim Einzug in Jerusalem gibt es bereits.

Man darf also gespannt auf erste Forderungen warten, die Bergpredigt zu gendern und den sogenannten Judaslohn von 30 Silberlingen der Inflation anzupassen.

Auch das mit den langen Haaren ist so eine Sache.

Seit einer »fridays for future«-Demo in Hannover wissen wir: Lang ist noch ok, aber wehe, die langen Haare verfilzen. Das könnte als Dreadlocks gelesen werden und Dreadlocks bei Weißen gehen gar nicht. Wobei die kulturelle Aneignung in Oberammergau ja schon viel früher beginnt.

Darf ein Oberbayer einen galiläischen Juden spielen? Identitätspolitisch ein klares No go.

Und will Mercedes da Sponsor sein?

Klarer Fall von Kontaktschuld.

Das ist das Schöne, heute. Dass man alles zerreden kann, wenn man will. Ich schließe mich da nicht an.

Die Passionsspiele sind wichtig, gerade jetzt, nach Corona. Man denke nur an den darniederliegenden Tourismus-Sektor! Und Religion war immer auch ein Geschäft. Allein der Ablass- oder Reliquienhandel!

Im Grunde sollte man die Idee des Passionsspiels ausweiten. Auch auf andere Stoffe.

Nehmen sie den Niedergang der CSU.

Also wenn das kein Stoff für eine bayerische Passion ist, dann weiß ich's nicht. Ich sehe die einzelnen Akte vor mir. Der Geist von Kreuth. Der Meineid des Zimmermanns. Strauß fliegt nach Moskau. Franz Josefs Himmelfahrt. Die Schmutzeleien des Markus. Das Mautdebakel. Sauter und Nüßlein beschaffen Masken, verzichten auf Silberlinge und nehmen stattdessen elf Millionen Euro. Und final: Die Wahl 2023. Der Schlussakt in völliger Dunkelheit.

Zwischen den Akten gibt es lebende Bilder, wie in Oberammergau:

Strauß zerfetzt den Spiegel.

Stoiber macht sich ein Glas Sekt auf.

Erwin Huber fragt die Frösche.

Söder sägt am Stuhl Seehofers.

Eine Aufführung der Superlative wäre das. Wie sagte Karl Marx?

Geschichte wiederholt sich zwei Mal: als Tragödie und als Farce.

Und in Bayern auch noch als Passionsspiel.

Eben alles eine Frage der Perspektive.

17.06.2022

BRÜCKENTAGE

Diese Woche sind wir Bayern einmal wieder maximal privilegiert. Schließlich war Fronleichnam und das ist bei uns ein gesetzlicher Feiertag. In Berlin oder Thüringen gibt's diesen Feiertag nicht. Die haben zwar andere Feiertage, den Weltfrauentag zum Beispiel oder den Weltkindertag am 20. September, auch schöne Feiertage, aber das Tolle an Fronleichnam ist, neben der Prozession, versteht sich, dass dieser Feiertag IMMER auf einen Donnerstag fällt. Also immer mit nur einem Urlaubstag ein sehr langes Wochenende ermöglicht. »Brückentag« heißt das Zauberwort. In Deutschland liebt man Brückentage. Weil sie Kurzurlaube möglich machen. Auch ein schönes deutsches Wort: Kurzurlaub.

Wenn ich ehrlich bin, habe ich das Erholungskonzept dahinter nie vollumfänglich erfasst. Mir hat neulich jemand erzählt, er sei für vier Tage auf Kurzurlaub in Miami gewesen. Vier Tage Florida? Da bleiben doch gefühlt nicht mehr als zehn Minuten Strand. Und am nächsten Brückenwochenende fliegen wir den Jakobsweg, oder wie?

Gut, nach zwei langen und entbehrungsreichen Corona-Jahren ist der Drang zu reisen natürlich mehr als verständlich und die sogenannte work-life-Balance wird heute auch anders bewertet als vor zehn Jahren. Der Lebenszweck der Deutschen ist nicht mehr die Arbeit, sondern offenbar in möglichst kurze Zeit möglichst viel Erholung reinzupacken und dabei maximalen Freizeit-Stress zu erleben.

Aus der Politik wurde daher auch folgerichtig gefordert, Feiertage, die auf einen Sonntag fallen, am nächsten Werktag nachzuholen. Also zum Beispiel 1. Mai am 2. Mai. Das soll den »sozialen Zusammenhalt der Gesellschaft stärken«.

Stimmt.

Gerade in Zeiten des 9-Euro-Tickets und überfüllter Regionalzüge in Ausflugsgebiete an Feiertagen bekommt der Ausdruck »sozialer Zusammenhalt« hier eine völlig neue Bedeutung.

Ich persönlich tendiere ohnehin zum ganz persönlichen Brückentag.

Der spontane Individual-Feiertag sozusagen.

Der kann im Übrigen eine ganz schöne Herausforderung sein. Wenn plötzlich einmal nichts ist. Ich meine, was tut man da? Ausschlafen oder extra früh aufstehen, um möglichst viel vom Tag zu haben? Schon mittags in den Biergarten gehen? Da darf man halt dann auf keinen Fall verhocken, sonst braucht man am nächsten Tag gleich noch mal einen Brückentag.

Morgens nach Miami fliegen und abends zurück scheidet aus. Das braucht's auch gar nicht, weil man ja seine Heimat an so einem Tag völlig neu erleben kann.

Plötzlich gehört einem alles, was es am Wochenende auch gibt, allein. Kein feierwütiges Partyvolk keine bewegungsfanatischen, neonbunten eBike-Horden.

Das ist der schönste Brückentag: dann frei zu haben, wenn alle anderen arbeiten. Das sind die Tage, an denen man sich wahrhaft tiefenentspannt erholen kann.

Eben alles eine Frage der Perspektive.

15.07.2022

HITZEWELLE

Früher, wenn es im Juli mal heiß wurde, dann hat man das einen oder maximal zwei Tage vorher im Wetterbericht erfahren, sofern man sich dafür interessiert hat.

Aber seit es kein Wetter mehr gibt, sondern nur noch Indizien für den Klimawandel, da weiß man schon Wochen vorher, wann es wie heiß, wie trocken oder auch im Winter wie kalt und schneereich wird. Gewitter und Schneeflocken haben ausgedient, es gibt nur noch Unwetter und Schneewalzen, zumindest in der Vorhersage, die heute Prognose heißt.

Das ist auch klug, denn das Wetter in 14 Tagen oder noch länger vorherzusagen, das ist und bleibt schlicht unseriös.

Dafür ist es umso spannender. Und so hören wir jetzt also schon seit zwei Wochen von einer Hitzewelle, die unser Land überrollen wird.

Da muss man natürlich vorbereitet sein.

Am vergangenen Sonntagmorgen hatte es in München-Schwabing elf Grad. Dennoch hat man Leute gesehen, die in kurzer Sommerkleidung und Flip-Flops unterwegs waren, vermutlich um vorzukühlen.

Oder gleich, um sich zu erkälten, damit man während der Hitzewelle dann einen handfesten Grund hat, das Haus nicht zu verlassen.

Ich weiß es nicht.

Dafür haben die gängigen Hitzetipps wieder Konjunktur. Viel trinken, Schatten suchen, mittags keinen Sport in der prallen Sonne treiben. Wer hätte das gedacht?

Ich sehe das positiv:

In Zeiten, wo alles teurer wird, bleiben wenigstens die Hitzetipps so billig wie eh und je.

Die Hitze soll das Land übrigens in mehreren Wellen überziehen. Den Begriff kennen wir ja aus anderem Zusammenhang inzwischen zur Genüge.

Komisch ist nur, dass der Begriff Sommerwelle im Zusammenhang mit der Hitze tendenziell vermieden wird.

Dafür erfahren wir, dass sich auf der Haut unter Umständen sogar Hitzepusteln bilden können. Von einem Impfstoff ist bislang noch nichts bekannt, aber ich denke mal, Karl Lauterbach ist dran.

Und einen neuen Begriff habe ich gelernt, diese Woche. Die Hitze ist kein Sommer. Nein, die Hitze ist ein »stilles Unwetter«.

Alles klar. Nicht dass aus Versehen bei irgendwem Freude aufkommt. Der Gassenhauer von Rudi Carrell aus den 70ern muss rechtzeitig zur Volksfestsaison umgeschrieben werden. Statt »Wann wird's mal wieder richtig Sommer?« jetzt »Wann wird's mal wieder richtig stilles Unwetter?« So viel Awareness kann man schon erwarten, oder?

Ich empfehle Gelassenheit. Nehmen, wie's kommt. So lebt man mit der Hitze im Süden seit jeher.

In einem Internet-Forum fand sich übrigens folgende Frage: Kann man 30-Grad-Wäsche bei 40 Grad draußen aufhängen? Man kann der Hitze auch valentinesk begegnen. Lachen kühlt bekanntlich die Gemüter.

Eben alles eine Frage der Perspektive.

30.09.2022

GLÜHWEIN-HEIZUNG

Jetzt wird also auf dem Oktoberfest in München doch geheizt. Hilft ja nix.

Nachdem der Hitzesommer durch einen verregneten Septemberwinter abgelöst wurde, braucht der Mensch Wärme. Innere Wärme vor allem und die gibt's jetzt auf der Wiesn dank Glühwein.

Zum ersten Mal seit 2008 ist der Ausschank des probaten Kopfweh-Mittels erlaubt. Über die Nachfrage ist noch nichts bekannt.

Abgesehen von der Frage, ob eventuell eine leichte Überreglementierung vorliegt, wenn auf einem Volksfest der Glühwein-Ausschank erst erlaubt werden muss – das ist was, das definitiv der Markt regelt – stellt sich jetzt natürlich auch die Frage, ob auf dem Christkindlmarkt bei entsprechender Witterung dann auch Wies'nbier ausgeschenkt werden darf. Ich wäre auf jeden Fall dafür.

Zumal wir ja auf einen milden Winter angewiesen sind. Denn was das Heizen angeht, können wir uns auf unsere Regierung nicht verlassen. Zwischen Gasumlage und Gaspreisdeckel, verlängerten AKW-Laufzeiten und doch keinen neuen Brennstäben bleibt uns womöglich nur der Beistand von Petrus, um einigermaßen milde durch den Winter zu kommen. Oder eben der Glühwein.

Wobei auch hier Vorsicht angesagt ist. Womöglich wird es bereits als Protest gewertet, wenn Sie öffentlich, am Ende noch gemeinsam mit anderen Personen, Glühwein trinken. Sie sollten also unbedingt darauf achten, mit wem sie ihren Glühwein zu sich nehmen. Nicht dass da eine recht verfrorene Bande mit Mützen, Schals und Handschuhen von einem Fuß auf den anderen stampfend ihre dampfenden Glühwein-Tassen vor den Mund hält und dabei ihren Frust in den Winterhimmel haucht.

Das könnte womöglich schon als Delegitimierung des Staates und seiner Vertreter gewertet werden und schon stehen Sie statt am Glühweinstand in der rechten Ecke.

Also heimlich trinken, wenn keiner zuschaut. Das ist zwar auch verpönt, aber wenigstens politisch unverdächtig.

Als Alternative bleibt ansonsten nur der Winterschlaf. Stollen ist schon im Handel. Fünf Kilo intravenös verabreichen lassen und dann schlafen bis Ostern. Nur was ist, wenn's da wieder schneit? War ja in den letzten Jahren gerne mal so. Dann wird auf den Frühlingsfesten der Glühwein-Ausschank erlaubt und die ganze Nummer geht von vorne los.

Früher durften wir uns wenigstens auf den nächsten Sommer freuen, wärmende Gedanken sind ja auch was wert, aber seit diesem Sommer wissen wir, ein heißer Sommer ist noch schlimmer wie ein kalter Winter, also freuen wir uns über jeden verregneten kalten Herbsttag, das ist noch lange kein Winter und von innen mit Glühwein beheizt das Beste, was uns überhaupt passieren kann.

Eben alles eine Frage der Perspektive.

24.11.2022

DAS RIESENSCHIFF

Bald soll das größte Kreuzfahrtschiff aller Zeiten in See stechen. 7600 Gäste, acht Themenlandschaften, 40 Restaurants und vieles mehr soll die schwimmende Stadt beherbergen.

Aber das ist ja noch überhaupt gar nichts!

Italienische Designer haben schon den nächsten Brocken als Entwurf rausgehauen.

»Pangeos«, eine schwimmende Insel für 60 000 Leute in Form einer Meeresschildkröte. Wahrscheinlich, damit keiner der Passagiere dereinst vergisst, wie diese Tiere mal ausgesehen haben.

Da kann man natürlich die Frage stellen: »Braucht's des?« und die Mehrheit wird sich einig sein: »Nein. So ein Wahnsinn!«

Dabei ist das schwimmende Monster durchaus ökologisch ge- und bedacht. Solarstrom treibt die Motoren an, Maximalgeschwindigkeit neun Stundenkilometer und statt Spaßbädern und Vergnügungsparks sind Häuser, Villen und Wohnungen geplant, mitsamt Hubschrauberlandeplätzen.

Es geht also um das Gegenteil von Party, es geht um Ruhe. DAS neue Marktsegment im Kreuzfahrtbereich.

Daher auch der Name des Entwurfs: »Pangeos«, angelehnt an den einstigen Urkontinent »Pangäa«. Dort war die Welt noch in Ordnung, nehme ich an. Menschen, die das bezeugen könnten, haben damals noch keine gelebt. Dennoch ist der Wunsch nach einer geordneten Welt riesig, Tendenz steigend.

»Wir haben keine zweite Erde im Keller«, ist der Öko-Spruch schlechthin. Stimmt, aber wir können uns zumindest einen Teil davon bauen.

Während die Welt verkommt, schippert ein Teil der Menschheit gemächlich mit neun Stundenkilometern über die Weltmeere und fliegt ab und zu mit dem Helikopter an Land, um zu sehen, was von der alten Welt noch übrig ist.

Wer das nötige Geld hat, chillt an Bord im künstlichen Garten und wer es nicht hat, muss keineswegs an Land bleiben. Der oder die kann auch mitfahren – zum Putzen.

Oder zur Verteidigung. Wohlstandsinseln brauchen schließlich massiven Schutz. Die sogenannten gated Communities in unseren Städten sind da nur ein Vorbote dessen, was noch kommen wird.

Gut geschützt könnte man auf hoher See noch mal ganz von vorne anfangen. Friedlich, sicher und demokratisch. Alle Entscheidungen an Bord werden per Mehrheitsbeschluss getroffen. Man kennt das von Eigentümerversammlungen in Wohnanlagen. Und spätestens, wenn der Bau einer Tiefgarage unter dem Schiff beschlossen wird, dann geht man gemeinsam unter und lebt auf Rettungsinseln weiter.

Nein! So weit wird es nicht kommen auf dem schwimmenden Reptil. Es wollen doch alle nur ihre Ruhe.

Und wer weiß, ob so ein Schiff jemals gebaut wird? Die Idee ist ja fast so absurd, wie mitten in der Wüste einen autoritären Hochglanzstaat zu erschaffen, in dem am Ende dann auch noch eine Fußball-WM stattfindet. Quatsch!

Das machen die Leute doch nicht mit, so was.

Eben alles eine Frage der Perspektive.

02.12.2022

KLIMA-KIRCHE

Wer die Öffentlichkeit sucht, kann sich seine Freunde nicht immer aussuchen. Das erleben gerade diejenigen, die sich mit Sekundenkleber wahlweise an Kunstwerke, den Stachus oder den Berliner Flughafen kleben und dafür jetzt plötzlich heftigen Applaus und die Unterstützung der Kirchen bekommen.

Gut, zunächst einmal ist es nicht weiter verwunderlich, dass eine Gruppe, die sich einigermaßen anmaßend den Titel »letzte Generation« gibt, genau diejenigen anzieht, die seit Jahrtausenden das Geschäft mit dem Jenseits betreiben.

Und so vergleicht der Vorsitzende der deutschen Bischofskonferenz, Georg Bätzing, die Klimakleber gleich einmal mit den Urchristen, die sich auch als letzte Generation vor dem Reich Gottes gesehen hätten.

Mit dem klitzekleinen Unterschied, dass letztere gerne mal im Kolosseum in Rom von Löwen verspeist wurden, was vermutlich auch nicht dadurch abzuwenden gewesen wäre, dass sie sich vorher in der Arena festgeklebt hätten.

Ein arg schräger Vergleich also, zumal die Urchristen trotz wahrhaft schlechter Aussichten – Stichwort Löwen – überaus positiv in die Zukunft geblickt haben – Stichwort: Reich Gottes. Das kann man ja von den Klima-Klebern nicht behaupten.

Obwohl – wenn man's genau betrachtet, trägt die Klimadebatte hierzulande mitunter durchaus religiöse Züge.

Im Internet soll es Seiten geben, auf denen man seine Klimasünden beichten kann. Schuld und Sühne also. Und die CO_2-Neutralität als das Elysium, das Reich Gottes, in dem endlich alles gut ist, auch wenn der Nachbar von Nebenan immer noch der gleiche Depp ist wie vorher.

Die Präses der evangelischen Kirche in Deutschland, die 26-jährige Anna-Nicole Heinrich, hat auf der Synode in Magdeburg Anfang November der Klimabewegung sogar die Führungsrolle angetragen.

»Es ist schon klar, wer in der ersten Reihe steht«, hat sie gesagt, »die Klimabewegung macht vieles besser als wir.« Aber man habe gemeinsame Ziele. Mag sein, aber doch unterschiedliche Wege.

Gut, man muss sagen, Sekundenkleber gab es zu Zeiten Luthers noch nicht, wer weiß, ob er sich sonst statt Thesen an die Wittenberger Schlosskirche anzunageln am Portal festgeklebt hätte – egal.

Jedenfalls macht die Evangelische Kirche jetzt etwas, was man bisher nur von den Zeugen Jehovas kannte, sie verkündet eine Jahreszahl bis zur Erlösung.

2045. Bis dahin will die EKD Treibhausgas-Neutralität erreichen und die Pfarrer und Pfarrerinnen sollen vorangehen. Unter anderem einem freiwilligen Tempolimit von 100 Stundenkilometern auf der Autobahn.

Starkes Bild!

Einer automobilen Bußprozession gleich zieht die evangelische Pastorin eine Autoschlange hinter sich her, die sich kriechend durchs Land bewegt.

Theologisch ungeklärt ist dabei jedoch die entscheidende Frage:

Wie schnell wäre Jesus gefahren?

Eben alles eine Frage der Perspektive.

23.12.2022

MEDIKAMENTE KNAPP

Wenn Sie heuer jemanden an Weihnachten wirklich überraschen und was schenken wollen, womit niemand rechnet, dann legen sie ihm oder ihr ein Packerl Ibuprofen unter den Christbaum.

Also, sofern sie eines herkriegen.

Sonst verschenken Sie halt Ihren Restbestand.

Angesichts der Arzneimittel-Knappheit im Lande hat der Präsident der Bundesärztekammer diese Woche schon Medikamenten-Flohmärkte empfohlen, bedenkenlos auch für Medikamente, die schon einige Monate abgelaufen seien.

Da kann man dann handeln, wie es sich auf einem Flohmarkt gehört.

20 Ibu für eine halbe Flasche Hustensaft. Der ist leider abgelaufen, sonst gäbe es womöglich noch zehn Amlodipin mit dazu, für den Blutdruck.

Hätte man das bloß vor ein paar Monaten geahnt, dass Medikamente plötzlich so wertvoll werden. Man hätte seine ganzen der Inflation ausgesetzten Euros von der Bank direkt in die Apotheke getragen und in Tabletten und Säften angelegt.

Rendite 50%. Locker!

Leider sind ja nicht nur Erkältungsmittel knapp, sondern auch lebenswichtige Medizin vom Asthmaspray bis hin zu Krebsmedikamenten. Da wird's dann schon weniger lustig und man fragt sich einmal mehr, was ist bei uns eigentlich noch alles verbockt worden in den letzten Jahren?

Oder anders gefragt, was wird in Deutschland eigentlich noch produziert?

Unsere Solarzellen kommen aus China, die Kabelbäume für die Autos aus der Slowakei, das Gas kam aus Russland, in Zukunft kommt es aus Katar, das Sonnenblumenöl aus der Ukraine, die Senfsaat auch, die Klamotten aus Bangladesh, die Medikamente aus Indien und China und die Fachkräfte … da ist man grade dran, aber welche gut ausgebildete Fachkraft zieht es ernsthaft in ein Land, wo die Medikamente auf Flohmärkten gehandelt werden?

»Auf Sicht fahren«, nannte man das in der Merkel-Zeit und jetzt stellt man fest, im dichten Nebel kommt man damit schnell sehr tief in den Morast.

Aber zum Glück haben wir ja eine gut ausgestattete Bundeswehr, die uns aus diesem Baaz wieder rausziehen kann …

Spaß!!

Was fragt unsere Bundes-Selbst-Verteidigungsministerin Lambrecht besorgt, wenn man sie bittet, Panzer zu schicken?

»Alle beide!?«

Nein. Wir nehmen einfach die Bahn. Und zwar die nach »Zug fällt aus«, die fährt in Deutschland im Minutentakt.

Wie schön, dass uns in den nächsten Tagen wieder Ministerpräsidenten, Bundeskanzler und der Bundespräsident in ihren Weihnachtsansprachen versichern werden, dass wir das alles schon im Griff haben und wir zuversichtlich ins neue Jahr blicken sollen.

Den Strom für diese Übertragungen könnte man eigentlich einmal einsparen. Symbolisch, quasi. Das bringt zwar nicht die Welt, aber irgendwo muss man ja anfangen.

Eben alles eine Frage der Perspektive.

2023

Der Krieg in der Ukraine dauert an. Der Westen entsorgt mit Waffenlieferungen seinen Rüstungsschrott.

Verschrottet werden auch die letzten deutschen Atomkraftwerke. Wenn der Wind nicht bläst und die Sonne nicht scheint muss es eben die Kohle richten. Oder die Nachbarn. Wenn man backen will und kein Ei im Kühlschrank hat, geht das schließlich auch.

Außerdem ist laut Frau Baerbock das Netz der Speicher. Fachleute sind von dieser Erkenntnis überrascht.

Kroatien bekommt den Euro und feiert das. Erstaunlich, dass den heute noch jemand freiwillig nimmt.

Wissenschaftliche Studien zeigen: Taurin erhöht die Lebenserwartung bei älteren Mäusen um bis zu 25 Prozent. Also: liefert Red Bull in die Altersheime!

Was sonst noch war lesen Sie auf den folgenden Seiten.

27.01.2023

SÖDER ISST

Was isst man als bayerischer Ministerpräsident?

Früher war das einfach. Haxen, Schweiners, Blut-, Leber- und Milzwurscht, Knödel aller Ausprägung, so was halt.

Legendär der Spruch von Franz Josef Strauß:

»In der Leberkäsetage sind wir zu Hause. Aber wir müssen uns, um erfolgreich zu sein, auch in der Champagner-Etage bewegen können.« Was er selber ja auch ausgiebig getan hat.

Und weil das alles aber in einer Zeit stattfand, wo noch nicht jeder sein Essen geradezu manisch fotografiert und ins Internet gestellt hat, war es relativ wurscht. Rumgesprochen hat sich im Zweifel auch weniger WAS jemand aß, sondern höchstens WIE er aß.

Wenn sich jedoch heutzutage Ernährungswissenschaftler mit den auf Instagram ausgestellten Mahlzeiten von Markus Söder beschäftigen und dabei erwartbar Fleischlastigkeit, Fett- und Zuckergehalt kritisieren, dann tun sie vor allem eines: Sie gehen dem Internet-Poser Söder auf den Leim.

Denn der bettelt ja mit Fotos von Rostbratwürsten, Schäufelebraten, Schaschlik und ähnlichem nicht um Ernährungsberatung, sondern zeigt Anhängern und Wählern im Wahljahr seine Verwurzelung in der Heimaterde via Speisekarte.

Das ist so ähnlich, wie wenn sich DDR-Menschen noch heute durch Soljanka, Würzfleisch oder Letscho in die sozialistische Heimat zurückbeamen. Zumindest am Esstisch.

Und so kommt es, dass sich irgendeine Ernährungsberaterin medial noch darüber ereifert, wie sehr die Södersche Speisengalerie Cholesterinwerte erhöht und Gefäßerkrankungen begünstigt, während der Markus längst ein Foto mit einem lebenden Öko-Ferkel postet.

Und eines darf man ja nicht vergessen: Die Fotos zeigen Essen, sie zeigen nicht, was die Überschrift suggeriert: Söder isst. Das tut er auf den Bildern nie. Womöglich fotografiert er nur die Speisen seines Gegenübers? Mästet sein Kabinett und isst selber Bowls mit Tofu und Quinoa.

Da man unserem Ministerpräsidenten alles zutrauen muss, wäre das zumindest denkbar.

Und dann kommt ja noch was dazu:

Seit Donnerstag sind in der EU bekanntlich Insekten als Nahrungsmittel offiziell erlaubt. Vom Mehlwurmpulver in Brot, Soßen und Schokolade bis hin zum Getreideschimmelkäfer-Ragout ist zwischen Helsinki und Palermo in Zukunft vieles möglich.

Die Ökobilanz ist angeblich gut, die Nährwerte auch und für die artgerechte Haltung braucht es keine zig Hektar große Fläche, da reicht eine vergammelte Wohnung.

Noch ist Insekten-Food bei uns ein Nischenprodukt, aber das mit dem Trend kann heute schnell gehen.

Was glauben Sie, wer dann als Erster beim Insektenmetzger steht, sich mit einem Pfund Heuschreckenschenkel ablichtet und das Foto ins Internet stellt?

Genau.

Denn wer mit dem Zeitgeist surft gerät nicht in den Verdacht, auf der Brennsuppe dahergeschwommen zu sein.

Eben alles eine Frage der Perspektive.

17.02.2023

PRÄKRASTINIEREN

Wie sagt eine alte Handwerker-Weisheit: »Was am Vormittag nicht passiert, passiert nicht.« Haben hier Maurer, Zimmerer, Fliesenleger und Kollegen vor Urzeiten bereits ein Phänomen beschrieben, das heute unter dem Begriff »Präkrastination« zum Forschungsgegenstand geworden ist? Das Phänomen nämlich, Dinge möglichst eilig zu erledigen, nur damit sie erledigt sind.

Bedingt, würde ich sagen. Denn mit dem Abhaken von to-do-Listen als Sucht hat der morgendliche Eifer am Bau nur am Rande zu tun. Hier geht es eher, dem gesunden Gefühl folgend, um die Aussicht auf eine ruhigere Kugel nach der Mittagspause. Natürlich hat auch das mit dem Belohnungszentrum im Gehirn zu tun, nach dem Motto »guad hammas g'macht, jetzt kauf' ma uns a Brotzeit.« Aber zur Diagnose würde das Ganze erst, wenn auch der Kauf der Brotzeit als Belastung empfunden und daher losgelöst von der Tätigkeit erfolgen würde, womöglich schon, bevor überhaupt ein Bauauftrag vorliegt.

In der Politik gibt es dieses Phänomen durchaus. Da werden mitunter sogar Probleme extra erfunden, um sie dann als allererster zu lösen. Denken Sie zum Beispiel an das Problem der »letzten Meile« zwischen U-Bahn und Arbeitsplatz, das dann wunderbar durch die E-Roller gelöst wurde. Hand auf's Herz: Wer von uns hätte je erkannt, dass das überhaupt ein Problem sein könnte!?

Oder das Problem der sogenannten kulturellen Aneignung? Dass Menschen falsche Frisuren tragen, falsche Musik machen, falsche Gewürze verwenden? Gewürze, die ihnen kulturell gar nicht zustehen. Da muss man erst einmal draufkommen, dass das ein Problem ist, das es zu lösen gilt.

Das geht nur, wenn man tagaus tagein sorgfältig und gewissenhaft darüber nachdenkt, was man noch erledigen könnte.

Das politische Gegenüber zum Beispiel.

Geradezu meisterhaft beherrscht das Markus Söder. Manchmal drängt sich einem der Eindruck geradezu auf, er macht Dinge nur, damit sie einfach mal gemacht sind. Sein Essen fotografieren und ins Internet stellen zum Beispiel.

Aber auch sonst entwickelt er eine derartig mediale Präsenz, dass man mitunter den Eindruck gewinnt, es gibt mindestens fünf Exemplare von ihm.

Entwicklungsgeschichtlich kommt das Phänomen der Präkrastination von der Gefahrenabwehr. Also stets die Höhle sauber halten, die Faustkeile gespitzt, die Felle im Trockenen, damit man kampfesbereit ist, wenn er kommt, der Säbelzahntiger.

Den gibt es heute nicht mehr, aber das Gefühl, nicht zu wissen, was einen als Nächstes erwartet, das ist geblieben und befeuert den hysterischen Eifer. Die bairische Seele neigt in solch aufgeregten Zeiten hingegen eher zu einem entspannten »jetzt schau mer mal, dann seng ma's scho.«

Eben alles eine Frage der Perspektive.

03.03.2023

CANNABIS

Man muss auch mal die Kirche im Dorf lassen. Zugegeben, das ist nicht mehr leicht in Zeiten, in denen die Staatsanwaltschaft erzbischöfliche Palais durchsucht, aber Bier ist nun einmal das bedeutendere bayerische Kulturgut als Cannabis.

Wer Gegenteiliges behauptet, erkläre mir den Starkbieranstich am Nockherberg. Ein vom BR übertragener, wie auch immer gearteter, Stark-Cannabis-Anstich wäre schlichtweg unvorstellbar. Und selbst wenn man dieses Spektakel als Folklore oder wie der einstige Innenminister Otto Schily als »ein bisschen Bauerntheater« abtut, sind in Bayern Bier und Politik seit Jahrhunderten eng miteinander verwoben.

Der Erwerb des Weißbier-Braumonopols durch Herzog Maximilian I. füllte diesem im 17. Jahrhundert die bayerische Staatskasse derart, dass er nicht nur die Kunst generös fördern, sondern auch die Gegenreformation vorantreiben und im Dreißigjährigen Krieg mitmischen konnte.

So ein gegenreformatorischer Ansatz hat diese Woche womöglich auch den bayerischen Gesundheitsminister Klaus Holetschek angetrieben, als er die von der Bundesregierung angestrebte Cannabis-Legalisierung europarechtlich hat untersuchen lassen.

Schließlich ist die »Hampel-Koalition« in Berlin der natürliche Feind der bayerischen Staatsregierung.

Und siehe da, die Uni Erlangen hat Holetschek bescheinigt, ein deutscher Alleingang beim Cannabis verstoße unter anderem gegen EU-Recht und ziehe somit zwangsläufig ein Vertragsverletzungsverfahren nach sich.

Klar, dass da die CSU tobt. Schließlich hat man da bei der CSU eine Expertise vorzuweisen, die ihresgleichen sucht. Haben sich doch seinerzeit die Spezialisten Dobrindt, Scheuer und Seehofer mit ihrer »Ausländermaut« EU rechtlich um Kopf und Kragen regiert.

Da ist es schon wirklich mehr als nett vom bayerischen Gesundheitsminister, dass er die aktuelle Bundesregierung mittels Rechtsgutachten vor so einem Fehltritt schützen will.

Sofern es sich überhaupt um einen Fehltritt handelt.

Bundesgesundheitsminister Klabauterbach ist nämlich der Auffassung, dass durch die Cannabis-Freigabe der Konsum der Droge eingeschränkt werden wird.

Klar. Wenn etwas frei erhältlich ist, wird weniger davon konsumiert, »weil ja nur über 18-Jährige legal einkaufen dürfen und dadurch, sagt unser Seuchenheiliger, die Minderjährigen …«

Ich verschone sie vor den weiteren Lauterbach'schen Ausführungen.

Einfacher formuliert Frau Schulze von den Grünen den Grund der Cannabis-Freigabe:

Erwachsene sollen in Bayern die freie Wahl haben zwischen Feierabendbier und Feierabendjoint.

Unklar beliebt dabei nur, was sie selbst jeden Abend in ihr Feierabend-Spezi mischt. Aber wenn man sich ihre social-media-Auftritte ansieht, muss es sich echt um harten Stoff handeln.

Also was jetzt?

Bier oder Cannabis?

Auch hier hilft der Blick in die Geschichte.

Vor dem Reinheitsgebot von 1516 hat man so gut wie alles ins Bier getan.

Das wäre doch eine Lösung: Bier aus Cannabis. Zum Wohl!

Eben alles eine Frage der Perspektive.

17.03.2023

SCHRUMPF-BUNDESTAG

Wer darf in den Bundestag?

Sehr einfache Antwort: Alle, die gewählt sind. Deswegen sitzt zum Beispiel der CSU-Mann Stephan Pilsinger aus dem Münchner Westen im Bundestag. Der hat mit 137 Stimmen Vorsprung vor dem Grünen Dieter Janecek seinen Wahlkreis gewonnen.

Gewonnen ist gewonnen.

Das hat allerdings zur Folge, dass 16 Abgeordnete aus anderen Parteien Ausgleichsmandate gekriegt haben.

Darunter sogar eine Linke. Da sagt sogar die Linke: »Danke CSU!«

Hätte dieser Janecek im Münchner Westen ein paar Stimmen mehr gehabt, wäre der Bundestag um 17 Sitze kleiner, was jetzt definitiv keine Wahlwerbung für ihn sein soll.

Aber so gibt es im aktuellen Bundestag 17 Abgeordnete mehr, die alles dafür tun werden, damit sie auch im nächsten Bundestag wieder mit dabei sind.

Insofern ist eine Wahlrechtsreform eine schwierige Angelegenheit. Wer schafft schon gerne seinen eigenen Arbeitsplatz ab, besonders, wenn der mit so vielen Privilegien verbunden ist wie ein Bundestagsmandat.

Dennoch hat die Ampel jetzt gehandelt und ist damit über den Schatten gesprungen, wenn auch nicht über ihren eigenen. Schließlich sind von der geplanten Verkleinerung des Bundestages vor allem CSU und Linke betroffen.

Denn in Zukunft zählen nur noch die Zweitstimmen bei der Sitzvergabe.

Warum die 299 Wahlkreise bundesweit dann überhaupt noch bestehen bleiben und Direktkandidaten gewählt werden, das kann vermutlich nur die Ampel erklären. Und machen wir uns nichts vor: Schuld ist am Ende der Wähler. Was wählen die Leute auch zusammen. Nehmen Sie das Wahlergebnis in Bayern. Da gingen 2021 46 von 47 Wahlkreisen an die CSU, was DDR-ähnlicher Zustimmung entspricht, bei den Zweitstimmen kam die Partei aber nur auf knapp 32%. Das geht doch nicht, so was.

Im Grunde bräuchte es da eine Drittstimme, mit der der Wähler sagt, wen er am zweitliebsten gewählt hätte und womöglich noch eine Viertstimme, die festlegt, was passieren soll, wenn das Wahlverhalten nicht zur politischen Landschaft passt.

Das wäre gerecht. So was von!

Oder man macht's gleich so wie bei der bayerischen Kommunalwahl. Dann hätte jeder Wähler 630 Stimmen, so viele wie es Bundestagsmandate gibt und kann nach Belieben kumulieren und panaschieren. Bloß verzählen darf er sich nicht: 631 Stimmen vergeben –

ungültig und die Auszählung der Stimmen dauert vier Jahre, bis zur nächsten Wahl.

Ich persönlich glaube ja eh, der wahre Grund, warum der Bundestag schrumpfen muss, ist ein anderer.

Die Ampel braucht den Platz im Bundestag für ihre Regierungsbank. Irgendwo müssen die 168 Leute, die sie zusätzlich mit höchstbezahlten Stellen in der Regierung versorgt haben, schließlich sitzen.

Eben alles eine Frage der Perspektive.

21.04.2023

BÄR

»Zwei Spuren im Schnee«, so haben einst Schlager angefangen. Heute klingt das wieder nach Bedrohung, so wie ganz früher.

Bayern hat es zurzeit aber auch nicht leicht.

Von Berlin her von der grün dominierten Ampel bedroht und vom Süden droht jetzt wieder der Bär, wahrscheinlich sogar mehrere.

Gut, bei denen weiß man noch nicht, wie bedrohlich sie wirklich sind. Beim Berliner Ampel-Bär ist der Fall klar: kein Schad- sondern ein ausgewachsener Problembär. Politisch pubertierend und von daher unberechenbar.

Aber die Bären aus den Bergen sind bis jetzt noch nicht negativ aufgefallen. Ja, ein Bär hat in der Nähe von Rosenheim drei Schafe gerissen, das ist nicht schön, aber noch vom natürlichen Verhalten her abgedeckt.

Zum Problembär wird ein Bär ja erst, wenn der sich menschlichen Behausungen ohne Scheu nähert und dort Schaden anrichtet. Zum Beispiel die Heizungen rausreißt. Dann muss man ihn jetzt nicht unbedingt abschießen, aber ihn doch zumindest in die Rohrfalle locken, was Markus Söder ja auch leidenschaftlich, aber bislang erfolglos versucht. Weil es Berliner Bären einfach nicht beeindruckt, wenn der bayerische Löwe ins Rohr ein freistaatlich-bayerisch betriebenes Atomkraftwerk als Köder stellt.

Aber zurück zum Alpenbär.

Sicher ist, er kommt aus Tirol und hinterlässt Spuren in Bayern. Fast wie die Blockabfertigung. Die kommt auch aus Tirol und blockiert Spuren in Bayern. Fahrspuren.

Leider kann man aber beim Bären keine Blockabfertigung machen. Dafür kann man seinen Spuren folgen und hoffen, dass man ihn irgendwann erwischt. Und dann verfrachten wir ihn zurück nach Tirol. Oder nach Berlin.

Man muss sich halt auskennen bei der Spurensuche. Sonst folgt man womöglich den falschen Spuren und steht auf einmal nicht vor dem Bären, sondern vor dem Wolf. Der ist ja auch noch da.

Und der gilt ja als noch gefährlicher wie der Bär.

Außerdem gibt es ja im Alpenraum Unmengen von Spuren: So ein ausgelatschter Fußabdruck, der kann auch von einem Preußen sein, der mit Sandalen in den Bergen unterwegs ist. Oder vom Hubert Aiwanger, der Schneekanonen verteilt.

Oder von verwirrten Menschen, die Bergwald abholzen um Windräder aufzustellen.

Man weiß es nicht.

Eines aber sieht selbst der Laie deutlich:

Die allermeisten und tiefsten Spuren in Bayern stammen von Menschen, die sich dort niedergelassen und ausgebreitet haben. Im ehemaligen Lebensraum von Bären, Wölfen und anderen wilden Tieren.

Und wenn so ein Bär da heute reintapert und sich fragt, was ist denn hier los, wo ich hinschaue Problem-Menschen, dann ist das aus dem seiner Sicht durchaus nachvollziehbar.

Eben alles eine Frage der Perspektive.

05.05.2023

HABECK UND DIE QUALVERWANDTSCHAFTEN

Freunde kann man sich aussuchen, Verwandte nicht, heißt's. Der Habeck hat sich Verwandte ausgesucht. Als Staatssekretäre in seinem Ministerium. Nicht seine eigenen Verwandten, aber eine Truppe, die untereinander kreuz und quer verbandelt ist. Von Bruder und Schwester über den Schwager bis zum Trauzeugen ist alles mit dabei.

Nachdem der Habeck aus Schleswig-Holstein kommt und literarisch ambitioniert ist, könnte man fast von einem grünen Buddenbrook-Ministerium sprechen. Ende offen versteht sich.

In Bayern formuliert man das banaler und nennt es einfach Spezlwirtschaft, wobei man es im Habeck'schen Ministerium bestenfalls mit einer preußisch reduzierten Form der Spezlwirtschaft zu tun hat.

Robert, da geht doch mehr!

Wenn du dich schon dafür entschieden hast, in deinem Ministerium personalpolitisch den bayerischen Weg zu gehen, dann hättest du dich, statt über die bayerische Energiepolitik herzufallen, mit der CSU einmal ausgiebig zu ihrer Kernkompetenz austauschen sollen.

Es ist doch vollkommen nachvollziehbar, dass du als Grüner daran glaubst, dass du zur letzten Generation gehörst. Demnächst verbrennt die Erde, deshalb müssen wir uns schon jetzt bedienen. Das ist konsequent für einen Klimaminister.

Aber warum auf halbem Wege stehen bleiben? EIGENE Verwandte und Freunde einbinden, darum geht's. Gut bezahlte Bürojobs für die Ehefrau, Maskendeals für die Kinder, Aufträge für die Freunde und keinen auf der Strecke zurücklassen. Das ist Spezlwirtschaft, Robert!

Jedem das Seine und uns das meiste. So heißt das Leitmotiv. Und nicht: Wir nehmen mit, was wir brauchen können und der Rest muss schauen, wo er bleibt.

Blut ist dicker als Wasser. Aber halt auch deutlich schwerer zu verkaufen. Besonders in einer Partei wie den Grünen, die stark vegan ausgerichtet ist.

Andererseits gibt es heute auch vegane Blutwurst.

Hat dieser Graichen da in deinem Ministerium keinen veganen Metzger in der Verwandtschaft, den er da als Berater hinzuziehen könnte?

Vegane Blutsbande sozusagen.

Und man muss es einmal deutlich sagen:

Historisch betrachtet ist das System der Dynastien weitaus Erfolg versprechender als das der lupenreinen Demokratie. Das sieht man ja beim Putin, was aus einem lupenreinen Demokraten werden kann.

Nehmen Sie einmal die Medici zum Beispiel.

Die haben Paläste gebaut, Dome, Vermögen ohne Ende angehäuft, die besten Künstler ihrer Zeit beschäftigt. Sogar Päpste haben sie gestellt. Und an ihren Hinterlassenschaften erfreuen sich Millionen Menschen bis heute.

Glauben Sie, von denen würde heute noch jemand sprechen, wenn die Medici gesagt hätten, Klüngel lehnen wir ab. Mit Verwandten arbeiten wir nicht zusammen!?

Robert Habeck, du willst Großes hinterlassen. Eine Energiewende. Koste es, was es wolle. Dazu musst du aber auch groß denken. Medici statt Mittelmaß, verstehst?

Eben alles eine Frage der Perspektive.

12.05.2023

SPARGEL

Angeblich soll Spargel ja ein Auslaufmodell sein. Also weißer Spargel. Junge lehnen ihn ab, weil er ihnen zu elitär ist. Ein alt-bundesrepublikanisches Luxusgemüse, das unter Ausbeutung migrantischer Arbeitskraft aus dem Boden geholt wird und labbrig auf dem Teller landet. Sozusagen der »alte weiße Mann« unter den Gemüsen und Hand aufs Herz: Alter weißer Spargel ist ja auch abzulehnen. Alter grüner allerdings auch.

Und man muss ehrlicherweise dazu sagen:

Auch Gurken und Tomaten werden von rumänischen und bulgarischen Hilfsarbeitern geerntet und das hippe, vegane Superfood, die Avocado, hat eine Ökobilanz, dass es einem die Quinoasamen bei den Ohren raustreibt.

Also sind auch sie Gemüse der sozialen Ungleichheit.

Von Mango, Papaya, Bananen und Orangen ganz zu schweigen. Die sind ja auch noch kolonial belastet.

Bleibt die Frage, was essen wir dann?

Immerhin ist ja der Spargel das erste heimische Freilandgemüse des Jahres. Könnte man nicht politisch korrekten Spargel herstellen?

Aus Soja und Holz vielleicht. Sozusagen eine vegane Variante der unter rechtsidentitären Verdacht geratenen weißen Stangen.

Aber selbst das würde das Problem nicht lösen, meint zumindest jener Kulturwissenschaftler, der die aktuelle Diskussion ins Rollen gebracht hat.

Angeblich würden die Jungen nur noch aus der Schüssel – Stichwort Bowl – essen wollen mit dem Löffel und mit einer Hand. Der linken hoffentlich.

Weil sie ja die andere Hand für das Smartphone brauchen.

Sagt der Kulturwissenschaftler.

Das ist ein schönes Beispiel dafür, dass Wissenschaft ein stets fließender Prozess ist, der vielfach dem Prinzip »try and error« folgt, also Versuch und Irrtum.

Die Pizza müsste längst von den Tischen verschwunden sein, wenn junge Menschen nur mit einer Hand essen würden. Und die Sauerei, die entsteht, wenn man versucht einen Döner einhändig zu essen und nebenbei ins Handy zu schauen, die will ich mir hier jetzt mal gar nicht ausmalen.

Mir persönlich wäre es übrigens sehr recht, sollten die Jungen Spargel tatsächlich ablehnen. Dann bleibt mir mehr davon.

Außerdem gibt es ja noch viel mehr moralisch verbotene Speisen:

Russische Eier, indischer Curry, Toast Hawaii. Die Liste ist lang.

Vor einigen Jahren habe ich einen Auftritt in Beelitz gehabt, dem Spargelgarten von Berlin. Auf meine Frage, ob es das zur DDR-Zeiten auch schon gab, meinte der Bürgermeister trocken:

»Nee. Damals haben wir Kartoffeln anjebaut. Wir mussten ja sehen, dat wir die Leute satt bekam'!«

So gesehen ist es doch erfreulich, wenn man so viel hat, dass man über Spargel streiten kann.

Eben alles eine Frage der Perspektive.

26.05.2023

160 JAHRE SPD

War diese Woche was? Heiz-Streit, Ukraine, Krankenhausreform … das Übliche.

Nein halt! Da war was: 160 Jahre SPD. Wenn das kein Grund zum Feiern ist. Sogar Olaf Scholz hat sich daran erinnern können.

Allerdings nicht mehr so ganz genau. Er hat nur gewusst: Kanzler ist er, Sozialdemokrat … da war mal was.

Als Juso zu Gast in Ost-Berlin, dann im Bundestag, dann Hardliner als Hamburger Innensenator, Bundesgeschäftsführer der Partei, Arbeitsminister, Erster Bürgermeister von Hamburg, Vizekanzler und schließlich Regierungschef.

Wer so viele Ämter hat, kann schon mal was vergessen. Zum Beispiel, warum er eigentlich Kanzler werden wollte.

So direkt sozialdemokratische Spuren hat er bislang jedenfalls keine hinterlassen. Gut, das Bürgergeld. Als Ersatz für Hartz IV. Fünf Milliarden Euro für sozialdemokratische Vergangenheitsbewältigung. Aber sonst? Womöglich hebt er sich das Sozialdemokratische für die zweite oder dritte Amtszeit auf.

Weil, das ist ja heute das Lebenselixier der SPD, dass wir sie im Grunde gar nicht mehr abwählen können.

Nehmen sie den Osten.

Wer wählt da SPD? Trotzdem sitzt die Partei in allen Landesregierungen. Mit den Linken, mit der CDU, mit den Grünen, mit der FDP.

Fehlt nur noch die AfD.

Oder anders gefragt: Wo regiert die SPD nicht?

In Bayern, ok.

Aber das kommt, sagen zumindest Markus Rinderspacher und Florian von Brunn. Weil die SPD aus der Opposition heraus die CSU mittels Untersuchungsausschüssen bis Oktober pulverisieren wird um dann die Regierung im Freistaat zu übernehmen.

Der Blick auf die Umfragewerte zeigt, dass dieser Plan bislang ganz offensichtlich mit den Wählern noch nicht abgesprochen ist.

Also, dass wir uns nicht falsch verstehen.

Natürlich hat auch die SPD ihre Ikonen.

Die Uhr von August Bebel oder den Kniefall von Willy Brandt. Aber heute ist es eben der Kapuzenpulli von Kevin Kühnert und mit dem können die Stammwähler der Partei genauso wenig anfangen wie mit Debatten übers gendern.

Drum wandern sie ab.

Die Bundesvorsitzende Esken hat ihnen noch hinterher gerufen – ich zitiere*: »Wir leben durch den Dreiklang von Digitalisierung, Demografie und Dekarbonisierung in Zeiten eines sozioökonomischen Umbruchs, der die Menschen zu recht beschäftigt!« Eine Volkspartei, die so redet braucht keinen Parteisprecher, die braucht einen Dolmetscher.

Leisten könnte ihn die SPD sich.

Denn von der Deutschen Druck- und Verlagsgesellschaft bis hin zum Immobilienbesitz ist die SPD ja heute eher ein Konzern. Mit angeschlossener Neigungsgruppe Politik.

Sie ist also eher eine Bauern- denn eine Arbeiterpartei.

Wie sagen die Bauern:

Liebe vergeht, Hektar besteht.

Eben alles eine Frage der Perspektive.

---

* Interview in der FAS am 29.05.22

16.06.2023

KREATIVE KI

Der Pumuckl ist wieder da. Ja! Demnächst starten die neuen Folgen und die Pumuckl-Stimme, das haben wir diese Woche erfahren, kommt von meinem Kollegen Maxi Schafroth.

Alles prima soweit.

Aber »prima« reicht heute natürlich nicht mehr. Mittels KI, sprich künstlicher Intelligenz, wird die Stimme vom Maxi nämlich zur Stimme von Hans Clarin umgeformt, sodass der Pumuckl klingen soll wie damals, vor 40 Jahren. Streaming-Abonnenten von RTL können darüber hinaus sogar noch wählen, ob sie lieber den Schafroth- oder den Clarin-Pumuckl sprechen hören wollen.

Noch eine Entscheidung mehr. Als ob es nicht reichen würde, dass man heute schon für einen banalen Cappuccino gefühlte hundert Fragen beantworten muss: Mit Zucker oder ohne? Koffeinfrei oder nicht, Mandel-, Hafer- oder Kuhmilch, groß-mittel-klein, warm oder kalt, dick oder dünn?

Jetzt also auch noch beim Pumuckl. Mit neuer oder alter Stimme? Die KI machts möglich.

Wie überhaupt künstliche Intelligenz im kreativen Bereich auf dem Vormarsch ist. Bei Bildern ist das ja schon seit einiger Zeit nicht mehr klar, ist das echt oder KI?

Söder spricht auf der Erdinger Demo. Echt. Söder klebt am Stachus auf der Straße. KI. Oder ist's umgekehrt?

Egal.

Sogar Paul McCartney will jetzt mittels KI Fragmente von John-Lennon-Aufnahmen von 1978 zu einem allerletzten Beatles-Song zusammenfügen.

Da stellt sich natürlich die Frage: Wann übernimmt die KI im Kabarett?

Von wegen Maxi Schafroth: Wie lange braucht man zum Beispiel noch einen Nockherberg-Redner?

Für die Veranstalter wäre das sicher interessant, hier KI statt einem Kabarettisten mit unkalkulierbarem Restrisiko einzusetzen.

Da muss dann in der Brauerei nur noch jemand eingeben, wer derbleckt werden soll, zu welchen Themen und in welchem Schärfegrad. So in etwa wie bei der Waschmaschine: weich-mittel-hart.

Und dann liefert die KI die ideale Starkbierrede.

Idealerweise wären auch die Einschätzungen der Politiker nach der Rede schon von der KI verfasst. Die Social-media-Kommentare und Presseberichte sowieso.

Wie geschmeidig liefe dann alles dahin.

Gut, die Schattenseite ist der damit verbundene Zuwachs an Bedeutung für die KI.

Zumal man ja weiß, dass das Brot des Künstlers letztlich der Applaus ist. Da stellt sich die Frage, was macht die KI, wenn sie trotz allem einen Flop landet?

Im krassen Fall können Künstlerseelen sehr verletzt und heftigst reagieren.

Darum: solange die KI im kreativen Bereich nur mitschreibt, -spricht und -zeichnet mache ich mir noch keine allzu großen Sorgen. Aber was passiert, wenn sie eines Tages an der Wiener Kunstakademie abgelehnt wird?

Eben alles eine Frage der Perspektive.

23.06.2023

DAS GESTOHLENE PAPST-KREUZ

Das Pektorale ist weg. Ein Brustkreuz von Papst Benedikt ist aus der Traunsteiner Stadtkirche gestohlen worden. Wer klaut denn so was? Entweder ein Fan oder einer, dem es vor gar nix graust.

Und damit meine ich jetzt selbstverständlich nicht den verstorbenen Papst und auch nicht das Kreuz, sondern die unabsehbaren Folgen, die den Dieb oder die Diebin in der Ewigkeit erwarten.

Mit Fegefeuer wird es da womöglich gar nicht mehr getan sein. Es droht die ewige Verdammnis. Wobei – wenn es stimmt, was manche sagen, dass Gott angeblich aus der Kirche ausgetreten sei, dann gibt es für den Dieb vielleicht nur zwei Vaterunser wegen der kaputten Glasscheibe.

Aber zurück in die Gegenwart.

Kirchenraub ist nach deutschem Strafrecht ein schweres Vergehen, das mit bis zu zehn Jahren Haft belegt werden kann.

Ich will jetzt hier gar nicht die Rechnung aufmachen, was die Kirche den Leuten im Laufe ihrer Geschichte alles weggenommen hat, ohne dass das jemals bestraft worden ist, aber wenn man an den Kirchenprozess denkt, der in Traunstein gerade läuft, dann sind zehn Jahre für Kirchenraub schon eine erstaunlich klare Ansage.

Die Frage ist ja auch, was macht man mit so einem päpstlichen Brustkreuz? Gut, ein Smaragd ist drauf und angeblich soll es vergoldet sein. Der Wert wird auf rund 5000 Euro taxiert. Mehr als nichts, aber verkaufen kann man's trotzdem nicht. Höchstens unter der Hand, aber dann wiederum nicht für 5000 Euro.

Böse Menschen haben schon mich verdächtigt, weil sie sagen, ein Parodist, für den wär's doch das Höchste.

Aber um einen Papst zu parodieren brauchts kein Kruzifix. Da reicht ein Sackelzement Halleluja.

Und man muss ja auch sagen: Wer weiß, wie der oben erwähnte Missbrauchs-Prozess in Traunstein ausgeht.

Unter Umständen ist man in der Stadt eines Tages froh, dass das Benedikt-Kreuz weg ist. In Regensburg hat man ja über seine Ehrenbürgerschaft schon diskutiert.

Es kann freilich auch ganz anders kommen.

Vielleicht ist der Benedikt in fünfzig Jahren auch ein Heiliger. Lassen Sie mal einen neuen Papst kommen, der ihn neu bewertet.

Und schwuppdiwupp ist das Kreuz plötzlich eine Reliquie von unermesslichem Wert.

Schauen Sie sich den Patron der Kirche in Traunstein an, aus der das Kreuz geklaut worden ist: Der heilige Oswald. der hat, der Legende nach, 30 000 tote Heiden zum Leben erweckt. Gut, er hat sie vorher auch erschlagen lassen, aber das tut seiner Heiligkeit heute keinen Abbruch.

Eben alles eine Frage der Perspektive.

30.06.2023

RAZZIA IN KÖLN

Der Kreuzweg hat 14 Stationen, das ist soweit bekannt. Aber wie viele Stationen hat der Holzweg?

Nach der Razzia beim Kölner Kardinal Woelki fragt man sich das unweigerlich.

Ich versuche einmal zu zählen:

Woelki hat von nichts gewusst, Woelki erhält das erste Missbrauchsgutachten, Woelki gibt ein weiteres in Auftrag, Woelki bekommt Besuch aus Rom, Woelki ist auf der Bistumswallfahrt unerwünscht, Woelki wird von einer Frau parodiert, Razzia im Hause Woelki und so weiter.

Die Stationen sind inzwischen zahllos und fest steht auch, am Ende wird nicht ein Gekreuzigter Rainer Maria Woelki zum Religionsstifter werden, sondern ein weiterer Kirchenmann in der Versenkung verschwinden.

Sonst hätte ja die Schlagzeile jetzt schon lauten müssen:

Razzia bei Woelki – Das Grab war leer … oder zumindest die Aktenschränke.

Aus dramaturgischer Sicht ist es da geradezu perfekt, dass einen Tag nach der Razzia in Köln die Austrittszahlen für 2022 veröffentlicht werden.

Eine halbe Million Katholiken sind gegangen. Und 360 000 im Jahr zuvor.

Nicht NUR wegen Woelki. Mangelnder Reformwille, Missbrauchsskandale. Klar.

Da muss man natürlich ehrlicherweise dazu sagen: Es ist schon ein Schnäppchen, wenn man seine Moral aufwerten und gleichzeitig 8% Steuer sparen kann. Im Grunde ist es eher verwunderlich, dass bei so einem Angebot nicht noch mehr Menschen austreten.

Oder anders gesagt, nach Sonneberg würden wahrscheinlich von den verbliebenen Soli-Zahlern im Westen auch viele gerne aus dem Soli austreten, wenn das ginge.

Nein.

Das Problem geht tiefer. Die Kirche in Deutschland könnte Party-Gottesdienste feiern mit Cannabis statt Weihrauch, könnte sämtlichen Geschlechtern das Priesteramt zugänglich machen, den synodalen Weg zu einer achtspurigen Mitbestimmungs-Autobahn ausbauen, das zündet alles nicht, weil die Botschaft nicht mehr ankommt.

An ein Leben nach dem Tod glaubt kaum noch wer und Schuld, Sühne, schlechtes Gewissen – das ist heute alles bei der Klimabewegung verortet.

Die evangelische Fraktion hat das ja sogar schon formuliert. Auf der Synode in Magdeburg, letzten Herbst.

Da hat die 26-jährige Frau Heinrich, Präses der Synode, formuliert: »Die Klimabewegung macht vieles besser als wir.« Deswegen hat man sich dort auch mit der Klimabewegung verbündet.

In der Hoffnung, dass von deren Glanz etwas auf die Kirche abfallen möge.

Aber das wird nichts nützen.

Der Woelki in Köln hat sich ja schon am Amt festgepappt. Der Papst löst ihn noch nicht einmal ab und trotzdem treten die Leute in Scharen aus.

Wenn der Zug abgefahren ist und du stehst immer noch am Bahnsteig, dann glaubt dir einfach keiner mehr, dass du der Lokführer bist.

Eben alles eine Frage der Perspektive.

01.07.2022

TOUR DE FRANCE

Wenn an diesem Wochenende die 109. Tour de France beginnt, dann werden hier in Deutschland wieder viele die Nase rümpfen über die sogenannte »Apothekenrundfahrt«.

Denn nichts macht der Deutsche lieber, als griesgrämig daneben sitzen und blöd daherreden, wenn es die Nachbarn lustig haben.

Gut, die Polizei holen fehlt noch, aber das würde in dem Fall wohl wenig bringen.

Wer so einen Nachmittag in einem französischen Dorf noch nie erlebt hat, wo man sich mit Campingmobiliar auf der Straße versammelt und kollektiv auf den einen, sehr kurzen Moment wartet, in dem gut 150 Radfahrer wie ein Bienenschwarm an einem vorbeibrausen um dann anschließend den Rest der Etappe in der Bar im Fernsehen zu Ende zu verfolgen, der kann nicht verstehen was da dran sein soll.

Ein Volksfest, das sich im Juli drei Wochen durch Frankreich bewegt und noch dazu nichts kostet.

Gut, es gibt auch sportliche Aspekte. Einer ist zum Beispiel, dass das deutsche Team aus Raubling in Oberbayern kommt und einen Russen als Kapitän hat, der sich, meines Wissens, öffentlich noch gar nicht von Putin distanziert hat.

Ein Glück, dass der Rennstall Hansgrohe in Raubling sitzt und nicht in München. Dort würde der Oberbürgermeister den russischen Fahrer gewiss in die Knie zwingen wie im März den Chefdirigenten der Münchner Philharmoniker.

Ich freue mich schon auf den »worst case«, dass der Russe aus Raubling einen deutschen Etappensieg holt. Am Ende noch bei der Etappe am 7. Juli in der Gegend von Verdun.

Ich denke, für diesen Fall ist Trauerbeflaggung angeordnet.

Im Unterschied zum Russen Wlassow ist Jan Ullrich übrigens bei der Tour weiterhin unerwünscht. Auch 25 Jahre nach seinem inzwischen aberkannten Toursieg verzeiht man ihm sein Doping nicht.

Gecancelt aus handfesten Gründen.

Die braucht's heute nicht mehr. Du musst nicht mehr mit Pharmaka vollgepumpt die Berge hinauftreten um ausgeladen zu werden. Heute reicht dafür schon, wenn die Frisur nicht zur Hautfarbe passt. Stichwort Hannoveranerin mit Dreadlocks.

Oder ein falscher Witz auf Twitter und schon musst du einen Monat lang auf dein Gehalt bei der Washington Post verzichten.

So ändern sich die Zeiten.

Das mit dem Doping bei der Tour soll übrigens stark nachgelassen haben seit Ullrichs Zeiten.

Auch, weil alle Fahrer regelmäßig getestet werden.

Gratis.

Wäre Karl Lauterbach Rennleiter, würden die Tests den Fahrer vermutlich 3 Euro kosten. Außer man hat Symptome. Einen Etappensieg zum Beispiel. Aber wenn Lauterbach wirklich Rennleiter wäre, dann wäre die Tour auch keine große Schleife durch Frankreich, sondern ein Massensprint in immer wieder dieselbe Sackgasse.

Eben alles eine Frage der Perspektive.

07.07.2023

KINDER-GELD

»Kinder bekommen die Leute immer.« Mit diesem Satz soll Konrad Adenauer in den 50ern den Plan einer Kinderrente final vom Tisch gewischt haben.

Schon damals gab es in der Regierung die Idee, neben einer Alters- auch eine Kinder- und Jugendrente auszuzahlen.

Die Debatte um die Kindergrundsicherung ist also so alt wie die Bundesrepublik.

Und der Adenauer-Satz ist heute noch so falsch wie damals.

Je besser es den Leuten geht, desto weniger Kinder bekommen sie. Kinder gelten schließlich als Armutsrisiko.

Deswegen hat ja unsere Bundesfamilienministerin jetzt auch verkündet, die Kindergrundsicherung kommt. Und zwar mit einem Volumen zwischen zwei und zwölf Milliarden Euro. Aha.

Dass sie daran noch den Satz angefügt hat »jetzt haben wir Klarheit«, wirft einmal mehr die Frage auf, wen meinen Politiker, wenn sie »wir« sagen?

Uns, sich oder ist das womöglich der familienministerielle pluralis majestatis, weil nur die Familienministerin selbst weiß, welche Summe mit zwei bis zwölf Milliarden Euro genau gemeint ist.

Im Küchenbereich klingen brauchbare Rezepte jedenfalls anders.

Wer traut einem Koch, der sagt: Schieben sie das Gericht für zwei bis zwölf Stunden in den Ofen. Aber Politik funktioniert anders. Man muss halt schauen, was am Ende rauskommt.

Klar ist nur, die Kinder sollen glücklicher werden. Und das geht am leichtesten mit Geld.

Das haben schon unsere alten Großtanten und -Onkels am Geburtstag zu uns gesagt: Da hast zehn Mark, kauf dir was Schönes.

Böse Zungen sagen ja nicht umsonst: Am meisten freuen sich über die Kindergrundsicherung Tatoostudios und Pearcingläden, Mediamarkt und Modelabels.

Kann man wirklich mit Geld allein die Kinderarmut bekämpfen?

Ich kenne Kinder, deren Armut vor allem darin besteht, dass sich keiner um sie kümmert. Die eklatanten Lese- und Schreibschwächen in der sogenannten Corona-Generation, also bei den jetzigen Dritt- und Viertklässlern, was ist damit? Die übervolle Kinderpsychiatrie? Ja mei.

Das ist der billigste Trick des Zauberers, dass er Geld aus dem Ärmel schüttelt, damit keiner sieht, wie er den Mist unter den Teppich kehrt.

Und überhaupt:

Eigentlich soll man ja eh gar keine Kinder mehr kriegen, wegen der CO_2-Bilanz und dem Klima.

Womöglich kommt irgendwann die Ausweitung CO_2-Umlage für Kinder. Die wird dann gleich mit der Kindergrundsicherung verrechnet.

Und in einem muss ich dem Lindner von der FDP recht geben. Bildung ist wesentlicher Teil der Kinder-Grundsicherung.

Weil, was nutzt es, wenn die glücklichen Kinder später einmal gar nicht lesen können, wem sie ihr Glück zu verdanken haben.

Eben alles eine Frage der Perspektive.

Kinder-Geld

14.07.2023

ANTHROPOZÄN

Wenn man der Antidiskriminierungsbeauftragten der Bundesregierung, Ferda Ataman, glauben darf, dann leben wir, was Antidiskriminierung angeht, in Deutschland zum Teil noch in der Steinzeit.

Gut, da muss man jetzt dazu sagen, wenn eine Antidiskriminierungsbeauftragte über Antidiskriminierung spricht, dann ist das ungefähr so, wie wenn ich einen Gebrauchtwagenhändler frage, was ist mein Auto noch wert?

Da wird selbst der Neuwagen zum Schrott, aber das mit der Steinzeit, das ist interessant, weil wir ja seit dieser Woche ganz offiziell im Anthropozän leben.

Dem vom Menschen bestimmten Erdzeitalter. Die Steinzeit war aber Teil des Holozäns, also des Erdzeitalters, in dem wir bis letzte Woche gelebt haben. Endmoränen, Schotterebenen und Antidiskriminierung.

Jetzt haben allerdings Forscher in einem See in Kanada bei einer Bohrung Plutoniumablagerungen aus den Atomtests der 50er-Jahre nachgewiesen und damit festgestellt, der Einfluss des Menschen auf das System Erde ist inzwischen global bestimmend.

Man kann also sagen, Amen, wir haben den biblischen Auftrag erfüllt: »Macht Euch die Erde untertan«.

Es sei.

Wie lange sich die Erde das gefallen lässt, das wird man sehen. Die Natur ist ja sehr anpassungsfähig und kann weit mehr aussitzen als alle CDU-Kanzler zusammen aber selbst, wenn es uns Menschen als Art eines Tages aus der Kurve der Evolution tragen sollte, können wir jetzt sicher sein, unsere Spuren werden bleiben.

Und man muss ja auch sagen, Spuren zu hinterlassen, das ist doch dem Menschen in die Wiege gelegt.

Im Grunde geht das mit der Windel los. Aber auch der Kavalierstart oder das Driften mit dem Achtzylinger und den rauchenden Reifen: Was glauben Sie, was das für Spuren hinterlässt!? Sowohl auf dem Asphalt wie in der Atmosphäre.

Die Politik hat ja letztlich überhaupt nur ein einziges Ziel, nämlich Spuren zu hinterlassen. Von wegen Anthropozän.

Wenn das heutige Bayern dereinst unter zwanzigtausend Sedimentschichten liegt, da wird man noch Spuren heutiger Politik finden. Und da meine ich nicht nur die Atomkraftwerke und das Flugbenzin von Franz Josef Strauß. Auch FFP2-Masken. Oder diese lang gezogene Höhle tief unter München, deren Sinn der Forschung auf Ewig verschlossen bleibt. In grauer Vorzeit nannte man sie »2. Stammstrecke«.

Oder nehmen Sie Friedrich Merz. Der ist schon fast im Rentenalter und will unbedingt noch Spuren als Kanzler hinterlassen. Dafür hat er jetzt extra einen neuen CDU-Generalsekretär installiert. Um das konservative Profil zu schärfen. Konservativ bedeutet ja bewahren.

Drum sagen ja auch viele, sogar in der CDU, wenn sie an einen Kanzler Merz denken:

»Gott bewahre uns.«

Eben alles eine Frage der Perspektive.

06.10.2023

WAHLMODALITÄTEN

So, liebe Leute. Jetzt sage ich Ihnen mal, wen Sie am Sonntag wählen sollen.
Also: Am besten wählen Sie die … Moment. Womöglich haben Sie ja schon längst gewählt, per Briefwahl. Am Ende ist das schon so lange her, dass Sie gar nicht mehr mit hundertprozentiger Sicherheit sagen können, wen Sie gewählt haben. Immerhin ist ja mit 15 zur Wahl zugelassenen Parteien die Auswahl beträchtlich.
Und Wählen ist ja ein gleichsam hoheitlicher Akt. Der Souverän spricht. Sogar mit zwei Zungen … äh … Stimmen. Erst- und Zweitstimme.
Kann man dem hohen Anspruch dieses Aktes von daheim aus überhaupt gerecht werden? Wer quatscht da am Ende alles mit? Und wo wählt man? Angeblich schließen sich Leute ins Klo ein, nur um dem Grundsatz der geheimen Wahl gerecht zu werden.
Bei der letzten Kommunalwahl sind da in größeren Städten Leute gnadenlos gescheitert, weil der Wahlzettel bedeutend mehr Quadratmeter gehabt hat als die Toilette.
Das könnte bei der Landtagswahl natürlich anders sein, aber man weiß es ja vorher nicht.
Ist ja eben alles geheim.
Drum finde ich, die wahre Wahl ist die Wahl im Wahllokal.
Wenn man, wie ich, in der alten Schule, am Ende noch in seinem ehemaligen Klassenzimmer wählt, mit Wahlkabine, Wahlleiter, einem angebundenen Stift und diesem schulspezifischen Geruch, den man auch Jahrzehnte nach der Schulzeit noch mit Disziplin und Ordnung verbindet, da entsteht automatisch Prüfungsatmosphäre.

Jetzt ja keinen Fehler machen!

Da ziehen die Wahlkämpfer noch mal vor dem geistigen Auge vorbei, die eigenen Grundsätze klopfen im Oberstübchen an und dann vergibt man selbstbeherrscht seine Stimme. Weg ist sie.

Aber man hat ja noch eine.

Da melden sich bei manchen dann schon die Zweifel. War meine Entscheidung richtig? Vielleicht war ich ungerecht.

Also gibt man seine Zweitstimme womöglich noch gewissenhafter ab.

Dann muss man die Zettel falten, dass ja niemand anderer was sieht. Nicht zu groß, aber auch ja nicht zu klein, sonst passt er nicht durch den Schlitz in der Urne.

Urne. Nach wie vor ein ungemein doppeldeutiger Begriff im Zusammenhang mit einer demokratischen Wahl.

Was habe ich mal für eine Bildunterschrift in einer Zeitung gelesen? Auf dem Foto waren ältere Leute, die schon vor Öffnung des Wahllokals Schlange standen und drunter war geschrieben:

»Rentner stehen vor der Urne und warten.«

In München ist am Sonntag parallel zur Wahl übrigens der München-Marathon. Das erinnert an die Berlin-Wahl 2021. Mal schauen, ob genug Stimmzettel da sind.

Sonst stehen wir halt nächstes Jahr noch mal an der Urne und warten.

Ich jedenfalls wähle gern.

Eben alles eine Frage der Perspektive.

27.10.2023

ZEITUMSTELLUNG

Am Sonntag werden die Uhren umgestellt. Ziemlich überflüssig, das Ganze, aber inzwischen halt einfach ein Ritual, das zum Jahr dazugehört wie Ostern oder Silvester. Da wird ja sogar das Jahr umgestellt und das an einem x-beliebigen Wintertag.

Bedeutende Ereignisse richten sich nämlich nicht nach dem Kalender und nach der Sommerzeit schon drei Mal nicht.

Die letzte Zeitenwende war zum Beispiel am 24. Februar 22, der Überfall der Russen auf die Ukraine. »Wir sind in einer anderen Welt aufgewacht«, so hat es die Frau Baerbock damals formuliert.

Da stellt sich natürlich die Frage, in welcher Welt sie eingeschlafen ist. So Zeitenwenden passieren ja nicht wie die Uhr-Umstellung am Wochenende, also dergestalt, dass nachts um drei am Uhrzeiger gedreht wird und schon ist eine neue Zeit da.

Nein, da muss es schon lange krachen im Gebälk und knacken und irgendwann machts »peng!«.

Selig, wer da so einen tiefen Schlaf hat, dass er oder sie erst beim peng aufwacht.

In Bayern ist der Fall noch einmal ganz anders gelagert, weil ja bei uns bekanntlich die Uhren anders gehen.

Dieses Diktum stammt von Franz Josef Strauß und es wird sich in den nächsten Tagen wieder einmal unter Beweis stellen. Bayern bekommt eine neue Regierung und keinem wird es auffallen.

Es wäre ja auch sehr gewagt, eine Uhr umzustellen, die eh schon anders läuft.

Da blickt man ja am Ende dann gar nicht mehr durch.

Wie hat unser Physiklehrer früher immer geraunzt, wenn wir Schüler etwas gelangweilt auf die Uhr geschielt haben, wie lange die Unterrichtsstunde noch dauert?

»Braucht's nicht auf'd Uhr schauen, d' Zeit vergeht von alloa!«

Wie wahr dieser scheinbar banale Satz ist, merkt man erst, wenn man selber ein bisserl älter wird.

Die biologische Uhr tickt nämlich gnadenlos, auch wenn ganze Industriezweige wie Kosmetik oder plastische Chirurgie davon leben, sie scheinbar aufzuhalten.

Da gibt es keine Sommer- und keine Winterzeit. Da kann ich nur den bayerischen Anarchisten und Universalkünstler Herbert Achternbusch zitieren:

»Wenn Du älter wirst kriegst graue Haar' und wenn es aus ist ist es gar.«

Von Horst Seehofer ist übrigens eine schöne Anekdote zur Zeitumstellung überliefert. Der hat einst ein Telefonat um sieben Uhr morgens wegen der unchristlichen Stunde ignoriert. Dabei war es Angela Merkel, die auf acht Uhr Sommerzeit eine Telefonkonferenz angesetzt hatte.

Um was es da hätte gehen sollen, weiß ich nicht, aber ganz offensichtlich hat sich die Welt auch ohne diesen Termin weitergedreht.

Der frühe Vogel fängt den Wurm, aber erst die zweite Maus bekommt den Käse.

Eben alles eine Frage der Perspektive.

03.11.2023

BAHN-GESPRÄCHE

Kabarett über die Bahn zu machen, das ist wie Schnee-Export nach Alaska. Sinnlos. Die Wirklichkeit der Bahn toppt den Unterhaltungswert einer Kabarett-Veranstaltung locker.

Wenn ich mir alleine die arg über-woke Werbung für die Münchner S-Bahn anschaue und sie dann mit der Wirklichkeit abgleiche:

Das S-Bahn-Logo in Regenbogenfarben. Köstlich.

Zumal ja der Regenbogen durchaus Gemeinsamkeiten mit der Bahn hat. Ob er kommt oder nicht, hängt vom Wetter ab.

Die gefühlt hundertste Stammstreckensperrung wegen Bauarbeiten? Kein Problem, dafür machen wir Call-a-bike 30 Minuten gratis.

Das fällt Dir als Kabarettist am Schreibtisch kaum ein. Der Bahn schon.

Mal schauen, ob dieses Angebot demnächst auch im Fernverkehr Schule macht.

Warum erzähle ich das?

Weil die Meinungsforscher von Allensbach jetzt in einer Studie festgestellt haben, die Bahn tut mit ihrem fast schon sprichwörtlichen Durcheinander Gutes.

Nicht für das Fortkommen, wohl aber für den sozialen Kitt in der Gesellschaft. Die Leute kommen miteinander ins Gespräch und sind sich schnell einig in der Einschätzung »Saftladen, früher war alles besser.«

Als jemand, der die Bahn noch aus Mehdorn-Zeiten kennt, sage ich »naja«, stimme aber zu, wenn es heißt, so schlimm wie zurzeit war's noch nie.

Deshalb hat es ja auch diese Konferenz gegeben, im Verkehrsministerium, zur notorischen Unpünktlichkeit der Bahn und dass der Fahrplan so gestaltet werden muss, dass er nicht nur auf dem Papier, sondern auch in der Realität eingehalten werden kann.

Gut, das war 1914 und fand im preußischen Verkehrsministerium statt. Da wollte man offenbar auf Teufel komm raus pünktlich sein und scherte sich bei der Bahn nicht um den sozialen Kitt.

Das war damals vermutlich auch nicht nötig, denn den lieferte 1914 der bevorstehende 1. Weltkrieg.

Ob unser Bundes-Selbstverteidigungsminister Pistorius das gemeint hat, als er letzte Woche gesagt hat, wir müssen kriegsbereit sein?

Klar, er will mehr Milliarden für die Rüstung. Und wie wusste schon Helmut Schmidt in den 70er-Jahren? »Auf Dauer wird sich Deutschland nur einen Staatsbetrieb leisten können. Die Bundeswehr oder die Bundesbahn.«

Damals hat man sich fürs Militär entschieden. Und heute?

Heute ist die Bundeswehr nur noch eine berittene Gebirgsmarine zu Fuß. Marode.

Und die Bahn erst recht.

Da gilt es Synergien zu nutzen. Von der Bahn lernen heißt siegen lernen!

Wie wussten schon die alten Römer? »Wenn Du den Frieden willst, bereite den Krieg vor.« Na gut, aber was lehrt uns die Bahn? Wenn du deinen Frieden haben willst, dann bleib daheim.

Das ist gelebter Pazifismus.

Eben alles eine Frage der Perspektive.

17.11.2023

DER NEUE ALTE ATARI

Ich hoffe, Sie haben schon vorbestellt. Nicht, dass es eng wird. Ich rede nicht von der Weihnachtsgans, nein, ich rede vom Spielkonsolen-Klassiker Atari 2600.

Darauf hat die Menschheit gewartet. Dass man endlich wieder, wie weiland 1979 vor dem Bildschirm sitzen und in einfachster schwarz-weiß Grafik Pac-Man spielen kann.

Hoffentlich haben sie beim Hersteller nicht vergessen, dazu auch die für's 70er-Jahre-Wohnzimmer-Feeling unverzichtbaren übergroßen Röhrenfernseher nebst der passenden Sofa-Garnitur und der Glas-Holz-Goldgriff-Schrankwand mitzuliefern.

Wie hat Atari 1979 die Spielkonsole beworben?

»Mit uns können Sie was erleben!« Man höre und staune: Damals hat man die Konsumenten noch gesiezt. Ein »DU« zum potentiellen Kunden, das wäre definitiv geschäftsschädigend gewesen.

Wer weiß, vielleicht kommt ja mit dem alten Computerspiel auch die schöne deutsche Höflichkeitsform »Sie« zurück.

Überhaupt:

1979, das war ja nicht nur Atari.

Das war Chomeini. Da hat man im Iran die Uhren Jahrzehnte zurückgestellt.

Und heut verlieren dort Frauen ihr Leben, nur weil sie sie auf Jetzt-Zeit vordrehen wollen.

Margret Thatcher, das war auch 1979.

Die Frau, die den Neoliberalismus so weit getrieben hat, dass sie jeden Penny, der keinen Gewinn abgeworfen hat, persönlich hasste. Da hat sie sich am Ende dann im Wald verrannt damit.

Das kommt anscheinend auch wieder.

Ihr geistiger Nachfolger Nigel Farage will ja jetzt sogar in den Dschungel, hört man.
1979 wurde Christian Lindner geboren. Da kann niemand behaupten, dass das auf die Gegenwart keine Auswirkungen hätte – obwohl …
Egal.
Wenn Retro »in« ist, dann bin ich dafür, das konsequent zu machen. Nicht nur alte Spielkonsolen wieder ausgraben.
Die knallbunten Autos, die D-Mark, die damaligen Mieten. Ungefähr 7 DM pro Quadratmeter in München. Das sind 3 Euro 50. Macht bei hundert Quadratmeter 350 Euro. Da kann man sich einen Atari 2600 dazu doch locker leisten. Womöglich sogar zwei.
Und wenn man bei den Ansprüchen ans Spielen insgesamt wieder basisorientierter wird, dann würde ich jetzt aber schnellstens in den Märklin-Metallbaukasten, die Fischertechnik und die Fleischmann-Modelleisenbahn investieren. Der Markt sollte demnächst durch die Decke gehen.
Und dann geht es weiter zurück.
Wie hat Hoffmann von Fallersleben 1835 gedichtet:
Morgen kommt der Weihnachtsmann,
Kommt mit seinen Gaben.
Trommel, Pfeifen und Gewehr,
Fahn' und Säbel, und noch mehr,
Ja, ein ganzes Kriegesheer
Möcht' ich gerne haben!
Wenn der Pistorius seinen Sonntagsreden von der »Kriegstüchtigkeit Deutschlands« auch nur einen Funken Glauben schenkt, dann muss er im Kinderzimmer damit beginnen.
Wobei mir da der Atari wesentlich lieber ist.
Eben alles eine Frage der Perspektive.

Der neue alte Atari

24.11.2023

NEUES SCHULFACH

Wenn die Landfrauen ein neues Schulfach fordern, dann muss es sich um was handfestes handeln.

»Alltagskompetenz und Lebensökonomie« soll in Zukunft alles vermitteln, was man von gesunder Ernährung bis zum Ausfüllen einer Steuererklärung wissen muss.

Da stellen sich dann doch Fragen.

Wie viele Stunden pro Woche sind dafür angedacht. Bei der Stoff-Fülle dürfte für andere Fächer kaum Zeit bleiben.

Und was muss man da alles wissen?

In Mathe ist der Fall seit 2500 Jahren klar: aQuadrat plus bQuadrat ist cQuadrat.

Aber bei gesunden Lebensmitteln? Da ändern sich die Meinungen schnell. Wir haben noch gelernt, Milch ist ganz was Gesundes und Fleisch absolut unverzichtbar. Ein Fruchtzwerg war angeblich »so wertvoll wie ein kleines Steak«. Das sagen Sie heute mal auf einem Schulcampus.

Oder das Ausfüllen von Steuererklärungen.

Die Steuerberaterprüfung gilt als eine der Härtesten überhaupt.

Und dann kommen noch die Steuertricks dazu. Das muss man ja auch noch alles lernen.

Also liebe Landfrauen, wenn Ihr mich fragt, hat das schon Gründe, warum dieses neue Schulfach »Alltagskompetenz und Lebensökonomie« schon seit 2019 im bayerischen Koalitionsvertrag steht, aber bis heute im Ansatz feststeckt.

Zumal das Problem ja noch weiter reicht.

In einer Zeit, in der Jugendliche gegen Autos laufen, weil sie beim Überqueren von Straßen gar nicht erst vom Smartphone aufschauen, wo setzt man da bei der Alltagskompetenz an?

Andererseits werden in Schulen natürlich auch überflüssige Dinge unterrichtet. Alte Literatur. Wer liest heute noch Bücher von alten, weißen Männern wie Annette von Droste-Hülshoff.

Und wer soll das alles kompetent unterrichten? Oder anders gefragt: Wie alltagstauglich ist der bayerische Lehrkörper?

Es soll da ja inzwischen Lehrer geben, die sind froh, wenn ihnen die Schüler den Stoff aus der Wikipedia vorlesen und anschließend im youtube-Tutorial vertiefen.

Weil sie ja wissen, was Alltagskompetenz und Lebensökonomie angeht, kann man den Erwachsenen ja sowieso nicht vertrauen.

Und natürlich haben wir Erwachsenen auch Fehler gemacht.

Was haben wir unseren Kindern jahrzehntelang eingebläut?

Wenn Du schön den Teller leer isst, dann scheint morgen die Sonne.

Und was haben wir heute?

Fette Kinder und Erderwärmung.

Ein klarer Sechser für eine solche Erziehung.

Das ist ja sowieso noch mal die Frage:

Wie benotet man Alltagskompetenz und Lebensökonomie?

Um beim Beispiel von oben zu bleiben:

Wenn einer über die Straße geht während er ins Handy schaut und es passiert ihm nix – ist das ein Einser weil das Ergebnis passt? In Mathe wär's ein Sechser, weil der Weg falsch war.

Schule neu denken – Eben alles eine Frage der Perspektive.

15.12.2023

FRAU TANDLER

»Monika Hohlmeier vermittelt Andrea Tandler ein Maskengeschäft«. Was waren das für Schlagzeilen!

Jeder, der das alte Bayern noch im Herzen getragen hat, musste da jubilieren. »Jaaa, es gibt sie noch, die gute, alte bayerische Spezlwirtschaft!«

Und dass das Gesundheitsministerium diese Masken gekauft hat, ohne angesichts des Stückpreises von 8 Euro 90 ins Zweifeln zu geraten – 8 Euro 90, klingt ja eher wie der Kilopreis –, das hat doch nur gezeigt, dass an diesen Geschäften absolut nichts anrüchig war.

Im Gegenteil, die hätte damals nicht nur Andrea Tandler machen können, sondern jeder, der so heißt wie sie.

Und jetzt hat sie der Staat doch drangekriegt. Wegen Steuerhinterziehung. Zeitweise wurde ihr ja sogar mangelndes Unrechtsbewusstsein unterstellt, als sie da mit Maske, Sonnenbrille und Kappe vermummt vor dem Untersuchungsausschuss im Landtag aufgetreten ist.

Ich muss da schon einmal fragen: Wo soll sie's denn herhaben?

Wenn man jetzt einmal vom Altöttinger Elternhaus Tandler ausgeht. Da hat man den Begriff »Steuerschuld« in dem Sinne nicht gekannt.

Steuerschulden hat damals der Bäderkönig Eduard Zwick gehabt. 70 Millionen Mark. Und die hat der Vater Tandler als bayerischer Finanzminister gegen eine Zahlung von gut acht Millionen Mark niedergeschlagen. Womöglich, weil der Zwick dem Tandler vorher Geld geliehen gehabt hat. Da waren die Steuerschulden weg. Was lernt das Tandler-Kind? Hast du Spezln, hast du keine Steuerschulden.

Und dann steht ja direkt neben dem Tandler'schen Anwesen in Altötting auch noch die weltberühmte Gnadenkapelle mit der schwarzen Madonna drin. Also nicht nur Schulden, auch Schuld kriegt da ein anderes Gesicht. Wenn man jeden Tag sieht, wie hunderte Gläubige schuldbeladen auf Knien um die Kapelle herumrutschen, aufstehen und frei von Sünden heim gehen, das prägt.

Und dann noch der Tilly, der Feldherr aus dem 30-jährigen Krieg. Der liegt ja in Altötting in der Gruft. An dem hat die Frau Tandler ja gesehen, was passiert, wenn man sein Geld in gutem Glauben der Obrigkeit gibt.

6300 Gulden hat der der Kirche gegeben, damit bis zum jüngsten Gericht täglich eine Messe für ihn gelesen wird.

Und was war? Vor gut zehn Jahren hat der Passauer Bischof gesagt, das Geld ist jetzt weg. Keine Messe mehr.

Eine Zeitung hat ausgerechnet, hätte die Kirche das Geld damals angelegt, wären es heute 20 000 Milliarden Euro!

Aus der Summe dieser Erfahrungen heraus konnte die Frau Tandler letztlich gar nicht anders als zu sagen, »lang zu!« Was ich hab, hab ich.

Das wichtigste altbayerische Motto hat sie dabei jedoch übersehen:

»Du derfst ois, bloß derwischen derfst dich net lassn.«

Eben alles eine Frage der Perspektive.

2024

Vorab: Das Jahr ist noch nicht vorbei und das Beste kommt bekanntlich erst zum Schluss. Dass Ursula von der Leyen erneut und mit mehr Stimmen als 2019 zur EU-Kommissionspräsidentin gewählt wurde, ist eher ein Tief- denn ein Höhepunkt.

Wie es Martin Sonneborn treffend gesagt hat: »Diese Frau ist Galionsfigur und personeller Ausdruck des Zerfalls der demokratischen Sittlichkeit in der EU.«

Oder anders gesagt: von der Leyen zur EU-Kommissionspräsidentin zu wählen ist, wie wenn der Supermarkt den Ladendieb zum Mitarbeiter des Monats macht.

In Deutschland ereifert man sich derweil lieber über die Sylter Sängerknaben.

Und auf dem Oktoberfest in München gibt es ein neues Zelt namens »Boandlkramerei«.

Angeblich hat man lange überlegt, aber ein dümmerer Name ist den Verantwortlichen beim besten Willen nicht eingefallen. Urigkeits-Marketing.

Was sonst noch war lesen Sie auf den folgenden Seiten.

P.S.: Nebenbei habe ich beim Verfassen dieser Jahresvorworte wieder einmal gemerkt, wie tendenziös Wikipedia ist, aber das, wie gesagt, nur nebenbei.

19.01.2024

TEXTWALKEN

»Du bist, was Du isst.« Das kennt man. Der vegane Radfahrer blickt verächtlich auf den Dieselfahrer mit der einen Hand am Steuer und der anderen an der Leberkässemmel.

Aber »Du gehst, wie Du schreibst«, das ist neu.

An der Fachhochschule Campus Wien haben Forscher jetzt eine Studie veröffentlicht, nach der sich der Gang beim sogenannten »Textwalken«, also dem Tippen am Smartphone-Display, während des Gehens, verändert.

Die Schritte werden kürzer und breiter und es heißt, am Ende könnten dadurch Schäden an Meniskus und Knorpeln auftreten und X-Beine rauskommen.

Also vorausgesetzt, man ist beim Textwalken nicht vorher gegen einen Baum gelaufen, unter eine Trambahn geraten oder schlicht und einfach auf die Schnauze gefallen. Letzteres würde womöglich die Gesichtszüge drastisch verändern, bevor irgendein Meniskus von der Tipperei im Gehen überhaupt Kenntnis nehmen kann.

Und was dabei das Schlimmste wäre, mit der veränderten Visage funktioniert am Ende die Gesichtserkennung im Handy nicht mehr, man kommt nicht mehr an seine Nachrichten und aus ist's mit dem Tippen im Gehen. Insofern ist es vom Körper nur allzu konsequent, wenn er bei Dauertippern instinktiv den Schritt anpasst.

Kürzere und breitere Schritte, das ist der neue Sicherheitsgang. Und wir wissen ja, Sicherheit ist heute das allerhöchste Gebot. Da hat man sich dran zu halten, ohne Wenn und Aber.

Wie gut, dass die Menschen durch den permanenten Blick ins Smartphone bereits eine neue Demutshaltung verinnerlicht haben. Gesenktes Haupt, den Blick nach unten gerichtet, der Untertan 2.0.

Was steht seit jeher ganz oben auf unseren Identitätskarten? »Personal-Ausweis.«

Das ist damit gemeint.

Das Schöne ist, dass das heute alles ganz und gar freiwillig passiert.

Niemand wird gezwungen.

Die Menschheit ändert sich eben und wer nicht mit der Zeit geht, der geht mit der Zeit.

Also lieber mit X-Beinen und gesenktem Haupt dabei sein, als im aufrechten Gang unterzugehen.

Dieter Hildebrandt hat für die Zukunft einmal eine »Flexibilisierung des aufrechten Ganges« gefordert.

Olaf Scholz hat das umgesetzt. Der hat so ein dickes Fell, dass er gar kein Rückgrat braucht um aufrecht zu stehen.

Was bleibt einem auch anderes übrig, wenn man umzingelt ist von Wirklichkeit, wie es der große Philosoph Robert Habeck formuliert hat.

Das wäre doch ein interessanter Forschungsgegenstand, nicht nur für die Wiener Fachhochschule:

Wie dick muss ein Fell sein, dass es den Sicherheitsgang beim Textwalken überflüssig macht.

Das ist schon mal die erste Frage. Und zweitens, direkt auf Olaf Scholz angewandt:

Wie dick kann ein Fell maximal sein, dass einen die Wirklichkeit nicht ins Schwitzen bringt.

Eben alles eine Frage der Perspektive.

26.01.2024

SOLDATEN OHNE DEUTSCHEN PASS

Was liegt in Deutschland am weitesten voneinander entfernt?
Flensburg und Freilassing? Rügen und Lörrach?
Falsch.
Es sind Anspruch und Wirklichkeit.
Ein gutes Beispiel dafür liefert die Bundeswehr. Laut Reservekanzler Pistorius soll sie ja in fünf bis acht Jahren kriegstüchtig sein, nur leider fehlt es massiv an Personal.
Im Extremfall könnte es also passieren, dass der nächste Krieg wegen Personalmangels ausfällt. Nicht auszudenken.
Dann hätten sich am Ende die Pazifisten durchgesetzt, die schon in den achtziger Jahren skandiert haben: »Stell Dir vor, es ist Krieg und keiner geht hin!«
Dabei ist der öffentliche Raum aktuell voller Bundeswehr-Werbung. Sogar Pizzakartons gibt es neuerdings in Tarnfarben und mit Aufschriften wie: »Lieferdienst für's Gebirge«. Es soll sogar schon Sammel- und Tauschbörsen geben – aber nur wenig neue Bewerbungen für die Armee.
Und das, obwohl man bei der Bundeswehr offensichtlich zu jeder Geschmacklosigkeit bereit ist.
Neulich habe ich ein Werbe-Plakat der Truppe gesehen, darauf eine deutsche Soldatin in Kampfmontur im Ausguck eines deutschen Panzers sitzend und dem Spruch: »Was zählt wenn wir wieder Stärke zeigen müssen?«
Das ist ein geradezu historisches Signal an den Feind, egal wo er sitzt. Wir kommen und unsere Panzer haben wir dabei. Notfalls alle beide!
Trotzdem bleibt der Personalmangel eklatant.
Kein Wunder, dass unsere oberste Militär-Strategin da nicht schweigen kann. Die Vorsitzende des Verteidigungsausschusses

im deutschen Bundestag Marie Agnes Strack-Rheinmetall ääh … Zimmermann.

Kein Name, eine Kurzgeschichte.

Die hat diese Woche gesagt: »Wir müssen bei der Rekrutierung europäischer denken.«

Da hat sie absolut Recht.

Am besten funktioniert so etwas natürlich durch Eroberungen. Warum sind 30 000 bayerische Soldaten mit Napoleon gegen Russland ins Feld gezogen? Weil sich Bayern auf militärischen Druck hin vorher mit Frankreich verbündet hatte.

Insofern: Nato und EU alles gut und schön. Aber deswegen geht noch kein Nicht-Deutscher mit Militär-Affinität ausgerechnet zur Bundeswehr.

Das meint ja auch Boris Pistorius mit der Vokabel »kriegstüchtig«. »Wir können auch anders«.

Das überzeugt die Nachbarn und sie sagen, »ok, wir machen mit.«

Wobei man da nicht nur europäisch verengt denken sollte wie Frau Strack-Zimmermann.

Im römischen Reich gab es eine nubische Legion. Ägypter im Dienste Roms. Kein Problem.

Hubertus Heil und der Bundespräsident sind ja diese Woche zwecks Anwerbung von Fachkräften nach Vietnam gereist. Womöglich hat ihnen der Verteidigungsminister Boris Pistorius einen Wunschzettel mitgegeben.

Das Zuckerl kam von Frau Strack-Zimmermann: »Bei erfolgreichem Dienst gibt's auch einen deutschen Pass«.

Also, wenn das kein Anreiz ist!

Nur was heißt im Krieg »erfolgreicher Dienst?«

Eben alles eine Frage der Perspektive.

02.02.2024

SCHEUER GEHT

Man muss es unumwunden zugeben, es waren goldene Zeiten fürs Kabarett. Als der Scheuer Andi in der Politik war, da lagen die Pointen am Wegesrand.

Zeitweise hat schon die Erwähnung des Namens Scheuer gereicht, um den Brüller im Saal sicher zu haben.

Und da stirbt natürlich schon die Hoffnung, wenn der Andi Scheuer jetzt seinem Comeback in die Politik eine endgültige Absage erteilt.

Was hat der Mann geliefert.

Das Flugtaxi.

»Der Take off in eine neue Dimension der Mobilität«, hat er gesagt und zum Einstieg den Organtransport per Flugtaxi empfohlen.

»Super, da fliegen wir doch als erstes Mal Hirn ins Verkehrsministerium.«

Was waren das für Pointen!

Oder der »fußballspielende, ministrierende Senegalese«, den man wegen seiner erfolgten Integration nicht mehr abschieben könne.

So was ist nur dem Scheuer Andi eingefallen.

Ein Beispiel noch, weil's so schön ist:

Dem Andi verdanken wir ja die eScooter. Diese Schnöselmobiltät, die den öffentlichen Raum vermüllt.

Der Scheuer Andi hat die eScooter als Verkehrsminister seinerzeit gefeiert, weil sie angeblich das »Problem der letzten Meile lösen« würden.

Ein Riesenproblem!

Also diese schrecklichen, unüberwindlichen letzten paar Hundert Meter zwischen U-Bahnhof und Wohnung.

Gut, der Andi-Scheuer-Faktor ist aus der Politik mitnichten verschwunden. Weil, es ist ja einfach so: Es gibt Kinder, wo sich die Eltern besorgt fragen, was soll aus denen werden?

Für einen seriösen Beruf sind sie unbrauchbar und im Kloster scheitern's am Schweigegelübde.

Da bleibt nur die Politik.

Nehmen's zum Beispiel eine Ricarda Lang.

Auch wenn ein Olaf Scholz am Mittwoch im Bundestag gesagt hat, die Ampel hätte jetzt in zwei Jahren mühsam die Scherben zusammenkehren müssen, die die Union in 16 Jahren Regierung hinterlassen hat, dann hat er schon wieder eine Klitze-Kleinigkeit vergessen, der Cum-Ex Olaf.

Nämlich, dass er in dieser Scherbenregierung Vizekanzler war.

Das ist schon auch kabarettabel, aber im Grunde doch sehr bitter.

Es fehlt dieses Dandyhafte. Diese geradezu virtuose Lebenskunst, alle in Erstaunen zu versetzen ohne selber beeindruckt zu sein.

Der Andi Scheuer, der hat sich ein Pfund Gel in die Haare geschmiert und blöd dahergeredet.

Ok, Haar-Gel beim Scholz wäre schwierig, aber trotzdem:

Heute beschäftigt die Regierung auf Staatskosten Visagisten für Hunderttausende von Euro, dennoch bleibt die Angelegenheit freudlos.

Schlechte Laune durchzieht das Land.

Wie hat Robert Habeck jetzt gesagt: »Wenn wir nur noch Entscheidungsträger wählen, denen ihre eigene Popularität das Wichtigste ist, dann habe ich keinen Bock mehr!«

Also, das wäre doch für den Scheuer Andi wahrhaft ein Grund, noch mal anzutreten.

Eben alles eine Frage der Perspektive.

23.02.2024

SÜDHOCHDEUTSCH

Vorab: Ich finde das prima, dass jetzt eine Initiative zur Förderung des Südhochdeutschen startet.

Dafür wird's, zumindest im großstädtischen Milieu, wirklich Zeit!

Dass man, wenn man in München einen Laden mit einem freundlichen »Grüß Gott« betritt, angeschaut wird, als hätte man Allahu akbar gesagt, daran hat man sich inzwischen gewöhnt.

Aber wenn im Bäckerladen einer morgens statt »Breze« »Brezel« sagt, da neige ich zur Identitätskrise.

Deswegen sage ich »ja« zur Förderung des Südhochdeutschen. Breze statt Brezel!

Wenn's nach mir ginge am besten per Gesetz und Strafandrohung.

Wer »Brezel« sagt, kriegt eine Woche lang keine. Zum Beispiel.

Jetzt muss man freilich sagen, dass die Bayern selber schon auch einiges zur Verhunzung ihrer Sprache beigetragen haben.

Schließlich rettet man hierzulande ja gerne alles Mögliche und an allen Ecken.

Die Wirtshäuser zum Beispiel. Als immanent zur bayrischen Kultur gehörende Orte. Das sind sie, keine Frage.

Aber wenn man im Zuge dessen anfängt, ein folkloristisches Speisekarten-Bairisch zu entwickeln, dass jedem Eingeborenen die Zehennägel aufbiegt, dann macht man Sprache statt zur kulturellen Grundlage eines Landes zur Verhandlungsmasse.

»Z'erst gibt's a braun brennde Dunklbiersuppn, danoch gibt's an sejberg'selchten Saubauch mit Krenzipferl und für die Kloana gibt's aufplatzte Pumuckl-Blunzn.«

Wer die Lektüre derartiger Speiseangebote hinter sich gebracht und als ganz besonders bairisch verortet hat, dem darf man es nicht übelnehmen, wenn er die regionale Sprache anschließend für etwas doch eher bizarr-beliebiges hält.

Interessant war ja auch die Begründung für die Initiative zur Förderung des Südhochdeutschen:

Nur so könne man verhindern, dass Bayern seine kulturelle und staatspolitische Identität verliert.

Mein lieber Schwan!

Also ich würde sagen, wenn sich der bayerische Ministerpräsident im Fasching stundenlang in die Maske der Nürnberger Oper setzt, um anschließend möglichst täuschend echt ausgerechnet als der preußische Reichskanzler Bismarck aufzutreten, dann ist die staatspolitische Identität Bayerns womöglich eh schon rum ums Eck.

Ausgerechnet Bismarck, dem Bayern seine staatspolitische Identität nach 1870 zu Füßen gelegt hat.

Also so viel Südhochdeutsch kann man ja im Leben nicht sprechen, dass man so eine Entgleisung wieder in die Bahn bringt. Länderfinanzausgleich hin, dreigliedriges Schulsystem her: Das staatspolitische Selbstverständnis Bayerns hat von Montgelas bis Söder einen beispiellosen Abstieg hinter sich gebracht.

Und wenn dann noch Manfred Weber in Veitshöchheim als eine Art Paneuropagnom der CSU auftritt und immer wieder betont, dass die eigentliche Zukunft Bayerns ohnehin in Brüssel liege, dann sollten wir doch dringend anfangen flämisch zu lernen. Rein staatspolitisch betrachtet, versteht sich.

Eben alles eine Frage der Perspektive.

08.03.2024

AKTIENRENTE

»Spare in der Zeit, dann hast Du in der Not.« Dieses überlieferte Konzept zur Bekämpfung der Altersarmut empfiehlt es sich für die Zukunft zu beherzigen.

Denn wenn unsere Bundesregierung verspricht, das Rentenniveau langfristig bei 48% des durchschnittlichen Arbeitseinkommens zu sichern, dann muss man schon schauen, wo man bleibt.

Schauen Sie, in Schweden sind's gut 60%, in Dänemark 70% in den Niederlanden sogar 80%.

Aber die haben halt auch so verpflichtende staatliche Rentenfonds, in die man rein muss. Also zusätzlich zur gesetzlichen Rente.

So was will unsere Bundesregierung jetzt auch. Aber weil sie sich in der Ampel halt so wahnsinnig schwertun miteinander, wird es freilich nur so was ähnliches und das auch nur ungefähr.

Man spricht in Berlin von einer kapitalgedeckten Säule, die aufgebaut werden soll und zwar als dritte Quelle zur Finanzierung unserer Renten.

Ich sage immer, wenn Politiker anfangen in Bildern zu sprechen, dann muss man hellhörig werden.

Schon eine »Säule, die als Quelle dient« dürfte jeden Architekt zur Verzweiflung treiben. Was soll das sein?

Ein Pfosten aus dem unten das Wasser rausläuft? Das klingt schwer nach Pfusch am Bau.

Und diese Säule soll auch noch »kapitalgedeckt« sein, also ein Dach aus Geld haben – ich kenne nur Säulen, wo oben eine Figur draufsteht. Ein Friedensengel oder der Kaiser Marc Aurel in Rom oder so. Ich weiß nicht, ob der eine Rentenreform gemacht hat, aber ein Dach aus Kapital?

Gut, es gibt in Innsbruck das »goldene Dachl«, aber das bedeckt wiederum keine Säule.

Und sie meinen es ja auch nicht so wörtlich, unsere Berliner Rentenbaumeister. Es soll halt ein Kapitalstock aufgebaut werden, 200 Milliarden Euro bis Mitte der dreißiger Jahre, der dann auf dem Aktienmarkt Gewinne erwirtschaften soll, die wiederum in die Rentenkasse fließen sollen.

Warum nicht? Je spekulativer man da vorgeht, desto höher ist die Rendite. Also vielleicht. Bei Lehman Brothers waren teilweise über 20% Rendite versprochen, vor 2008.

Danach war das Geld weg. Aber bei staatlichem Geld wäre das nicht so schlimm, weil, der Steuerzahler hat ja immer neues Geld parat.

Die Bundesstiftung, die diesen Kapitalstock in Zukunft verwalten soll, könnte freilich mit dem Geld auch ins Spielcasino gehen. Da sind die Renditen noch mal deutlich höher als bei Lehman.

Alles auf die 17. Wenn's gut läuft, sind die deutschen Rentensorgen für immer weggeblasen. Es muss halt gut laufen. Und wenn wider Erwarten nicht, dann können Politiker im Nachhinein immer sagen:

»Wir haben schon damals erfolgreich die Probleme verursacht, die wir heute beherzt zu lösen verhindern!«

Eben alles eine Frage der Perspektive.

15.03.2024

KRETSCHMANN UND DAS KREUZ

Winfried Kretschmann aus Baden-Württemberg ist höchst befremdet vom Papst.

Das hat der grüne Langzeit-Realo in Stuttgart diese Woche nach den Einlassungen von Papst Franziskus zum Krieg in der Ukraine verlauten lassen.

Und dann hat er einen Satz gesagt, der bekennende Katholik Kretschmann, wo ich sage, jetzt ist er aber ein bisserl schnell galoppiert.

Er hat gesagt: »Die Passionsgeschichte lehrt, wenn man sich nicht wehrt, landet man am Kreuz.«

Der Satz hat mindestens vier Strack-Zimmermann. Die neue Maßeinheit für Militärbesoffenheit im Lande.

Die Dame hat ja am Montag gesagt, als Katholikin schäme sie sich für den Papst. Ich glaube, da hat sie Glück, dass der Papst sie nicht kennt.

Egal.

Der Kretschmann-Ansatz ist interessant. Wenn Jesus sich gewehrt hätte, dann wäre er nicht am Kreuz gelandet. Aha.

Aber wie hätte sich Jesus wehren sollen?

Damals hat es ja noch keinen Taurus gegeben. Und selbst wenn, wer hätte den steuern sollen. die Jünger waren Fischer, keine Krieger. Mit Fischernetzen kann man die Römer nicht beeindrucken.

Da liegt womöglich der Fehler. Wenn Jesus statt Petrus, Jakobus, Thomas, Philippus und den anderen Roderich Kiesewetter, Frau Strack-Zimmermann und den Toni Hofreiter als Jünger um sich geschart hätte, ja dann – hätten die zwar auch keinen Taurus lenken können, aber zumindest gescheit drüber daherreden.

Und was wäre in der Konsequenz der neuen Kretschmann'schen Theologie das Symbol des Christentums?

Das Schwert statt dem Kreuz vielleicht. Schwerter hat es vor 2000 Jahren schon gegeben. Aber dazu hätte Jesus mit seinen zwölf Jüngern die Römer erst einmal besiegen müssen. Und da geht's ja dann weiter: Der Bart, die langen Gewänder, so besiegt man keinen übermächtigen Feind. Die hätten Ausrüstung gebraucht. Helme. Das war das Erste, was Deutschland vor zwei Jahren in die Ukraine geliefert hat.

12 Helme plus Schilder für die Jünger. Dann der Nachschub, das muss ja alles organisiert werden. Dann hätten sie den Krieg womöglich gewonnen. Und Jesus wäre nicht gekreuzigt worden, sondern Judas, als Spion.

Ob der Katholik Kretschmann das gemeint hat mit seinem Satz? Ich sage mal, falls ja, wäre das ein Grund für eine umgehende Exkommunikation.

Aber so hat er es ja nicht gemeint. Nein. Nur gesagt. Gemeint hat er, dass Staaten wehrhaft sein müssen und Pazifismus nur für Individuen gilt.

Zumal ja im Zeichen des Kreuzes haufenweise Kriege geführt worden sind. Das war die versteckte Botschaft des Heilsbringers aus Stuttgart an den Papst. Wenn alle Deine Vorgänger so drauf gewesen wären wie du, dann hätte es die Kirche womöglich nie gegeben.

Eben alles eine Frage der Perspektive.

22.03.2024

POLITISCHER SPORT

Wie politisch ist ein Fußball-Trikot? Überhaupt gar nicht, wenn man der aktuellen Antwort des DfB auf den Shitstorm zum neuen pink-lila Trikot der deutschen Nationalmannschaft glauben darf.

Jetzt gibt es freilich durchaus Gründe, Aussagen des DfB in Zweifel zu ziehen, aber die Begründung für die schräge Farbwahl des Trikots ist von derart entwaffnender Ehrlichkeit, dass man direkt seinen Hut (vor dem deutschen Fußball-Zentralrat) ziehen muss.

»Das hat rein kommerzielle Gründe!« Na also.

Wann jemals hat ein Fußball-Verband derart offen zugegeben, dass es ihm ausschließlich ums Geld geht.

Daran sollte sich die Politik ein Beispiel nehmen!

Frage: »Herr Söder, warum sperrt sich die CSU gegen die Canabis-Freigabe?«

Das hat ausschließlich parteitaktische Gründe.

Frau Baerbock, warum raunzen sie in China ihren chinesischen Amtskollegen öffentlich und undiplomatisch an?

»Das hat ausschließlich Karrieregründe!«

Frau Strack-Zimmermann, warum treten Sie derart aggressiv für Waffenlieferungen in die Ukraine ein?

»Weil Rheinmetall seinen Firmensitz in meinem Wahlkreis hat!«

Das wäre Ehrlichkeit à la DfB.

Zum Dank dürften die genannten Herrschaften anschließend dann im pinken Trikot auftreten.

Wobei es ja beim DfB für die ausdrückliche Entpolitisierung der Trikotfarbe vermutlich schon auch sportliche Gründe gibt.

Man stelle sich vor, der DfB hätte das Trikot offiziell als den Beitrag des deutschen Fußballs zur Diversitiy bezeichnet und dann scheidet man, wie üblich, nach der Vorrunde mitsamt seinen diversen Trikots aus … Maximalpanne.

Rein sportlich betrachtet müsste die politische Botschaft auf den Trikots der Nationalmannschaft irgendein AfD-Spruch sein.

Das würde viel besser ins Bild passen. Wenn die AfD draußen ist, geht das Turnier so richtig los.

Das IOC tut sich da leichter. Die waren schon immer unpolitisch.

Schon 1936 in Berlin. Aber auch in Sotschi, in Peking.

Jetzt in Paris sagen sie, Russische Athleten dürfen zwar teilnehmen, aber ihre Medaillen werden nicht gezählt, ihre Flagge sowieso nicht gehisst und bei der Eröffnungsfeier dürfen sie nur zuschauen. Klar, weil zu sagen, dass man sie nicht dabeihaben will, das wäre zwar ehrlicher, aber eben auch politisch.

Wie schmal der Grat zwischen Pathos und Peinlichkeit ist, das hat der Trainer des sich gerne politisch gebenden SC Freiburg kürzlich vor der Presse demonstriert, als der die Rede der Holocaust-Überlebenden Margot Friedlaender im Bundestag loben und damit ein Zeichen gegen Rechtsextremismus setzen wollte.

Wie sagte er auf der Pressekonferenz mit Zornestränen in den Augen? Wie wichtig der Kampf gegen rechts sei, das hätte die Rede der 102-jährigen Holocaust-Überlebenden – Achtung staunen bitte jetzt – Maria Furtwängler gezeigt!

Sport und Politik.

Eben alles eine Frage der Perspektive.

12.04.2024

SCHÄUBLES ERINNERUNGEN POSTHUM

Mit Erinnerungen ist das ja immer so eine Sache. Individuelles Zurückdenken hat zwangsläufig Lücken und die können höchst unterschiedlich ausfallen.

So ist das auch bei Wolfgang Schäuble.

Man darf davon ausgehen, dass man sich in Griechenland anders an ihn erinnert wie er sich selbst. Und auch im Osten steht der rücksichtslose Wiedervereinigungsverhandler von 1990 bei manchen weniger hoch im Kurs als in der Selbstwahrnehmung.

Aber jetzt »isch over«, wie er es während der Griechenland-Krise formuliert hat, und da gilt natürlich: Über die Toten nur Gutes.

Folgerichtig sagt sein Verleger auch über Schäuble: »Er hat immer das Gute gewollt.« Und da muss man eben manchmal das Beste nehmen. Zum Beispiel 100 000 Mark in bar vom Waffenhändler Schreiber.

Womit wir bei Franz Josef Strauß wären und damit bei der CSU.

Der verpasst Schäuble in seinen posthumen Erinnerungen eine Breitseite.

Seehofer war ein konvertierter Atomkraftgegner und Söder sei, wie schon Strauß, dem Reiz der gesamtstaatlichen Bedeutung erlegen.

Das sind interessante Einschätzungen aus der Feder eines Politikers, den wir schon 1998 als Innenminister mit Kohl zum ersten Mal abgewählt haben und trotzdem nicht losgeworden sind.

Das wiederum lag an Angela Merkel, die er immer gemocht hat und mit der er sich im Kino konsequenterweise »Ziemlich beste Freunde« angeschaut hat. So erinnert er sich.

Das hätte Friedrich Merz nicht passieren können. Der würde mit Merkel höchstens in ein Splattermovie gehen und sie danach allein im Dunklen stehen lassen, aber egal.

Merkels Memoiren sollen ja im Herbst erscheinen, dann werden wir dazu womöglich mehr erfahren.

Vielleicht erfahren wir dann auch, warum sie ausgerechnet bei Jürgen Trittins Abschied aus der Politik redet, bei Schäubles Beerdigung aber gar nicht erst erschienen ist. Hass ist ja bekanntlich eine starke Emotion. Und Trittins CDU-Hass ist geradezu legendär. Das verbindet.

Schäuble hat sich mit Trittin nie eingehender beschäftigt. Ob er auf den 650 Seiten seiner »Erinnerungen« vorkommt, weiß ich nicht.

Die Erinnerungen von Helmut Kohl umfassen übrigens 782 Seiten. Das sind über hundert Seiten mehr als bei Schäuble und das ohne Spendernamen, wohlgemerkt.

Kann es sein, dass sich Kohl an mehr erinnert als Wolfgang Schäuble?

Und wenn ja, an was?

Ich kann mich an einen Satz von Schäuble erinnern, den er zur Rentendebatte gesagt hat:

»Es macht Sinn, Lebensarbeitszeit und Lebenserwartung in einen automatischen Zusammenhang zu bringen!«

Im Klartext: Wer keine Lust hat länger zu arbeiten, der muss eben früher sterben.

Ob er sich an den zuletzt noch erinnert hat?

Eben alles eine Frage der Perspektive.

19.04.2024

BAYERISCHE MILITÄRFORSCHUNG

Na wer sagt's denn? Schon wieder eine neue Idee aus Bayern. Die Unis sollen in Zukunft enger mit der Bundeswehr zusammenarbeiten und im Zweifelsfall auch dazu verpflichtet werden können.

Eine Beschränkung der Forschung auf zivile Zwecke soll unzulässig sein.

Jetzt beruht ja zunächst einmal eine Zusammenarbeit immer auf Gegenseitigkeit. Wie die Bundeswehr von wissenschaftlichen Forschungsergebnissen profitieren könnte, ist dabei soweit vorstellbar. Aber was sollen die Unis von der Bundeswehr haben?

Die Truppe ist marode. Das ist eine berittene Gebirgsmarine zu Fuß, das sind Bogenschützen, die das Knallen nicht vertragen können.

Die einzig funktionierende Blendgranate ist der Verteidigungsminister.

Gut, das Konzept »Sondervermögen«, das könnte für die Hochschulen interessant sein, des Geldes wegen, aber sonst?

Sofern die nationale Sicherheit gefährdet ist, sollen Unis sogar verpflichtet werden können, Forschungsaufträge der Bundeswehr anzunehmen. Und zwar vom bayerischen Wissenschaftsministerium.

Klingt schneidig, dennoch würde ich gerne genauer erklärt bekommen, was das konkret heißen soll.

Nehmen wir einmal an, der Russe stünde vor der Türe, gemeinsam mit dem Chinesen. Ich glaube es nicht, aber nehmen wir mal an, dass die nationale Sicherheit in dieser Form bedroht wäre.

Was passiert dann?

Kommt dann die Bundeswehr zur TU München und verlangt Unterstützung, worauf die Unileitung die Truppe ans bayerische Armeemuseum in Ingolstadt verweist?

Daraufhin dreht der bayerische Wissenschaftsminister Markus Blume – Eiskunstläufer der er ist – erzürnt eine Pirouette und erklärt die TU zur neuen bayerischen Kriegsakademie!?

Nein. So wird das natürlich nicht laufen.

Wenngleich es durchaus bemerkenswert ist, dass das bayerische Wissenschaftsministerium in Zukunft offenbar eine Art militärischer Kompetenz erhalten soll, in dem es über Fragen der nationalen Sicherheit entscheiden kann.

Wieso macht man da halbe Sachen? Warum nicht gleich ein bayerisches Verteidigungsministerium?

Verteidigungsminister wird der Präsident des bayerischen Jagdverbandes, das ist prima, der Ernst Weidenbusch freut sich immer über einen Job und Jagdwaffen hätte er auch.

Außerdem ist das ausgleichende Gerechtigkeit. Bayern sichert Berlin via Länderfinanzausgleich die Existenz, da muss im Gegenzug ein bayerischer Verteidigungsminister drin sein.

Schließlich ist Bayern DER Top-Rüstungsstandort in Deutschland. Das ist Bayerns Beitrag zur Zeitenwende. Kein Wunder, dass sich keine einzige bayerische Universität eine Zivilklausel auferlegt hat. Die arbeiten nicht mit dem Militär zusammen, die leben vom Militär.

Ein Politikwissenschaftler der Bundeswehr-Uni in Neubiberg hat das im BR-Fernsehen auf den Punkt gebracht. Im Verteidigungsfall würden eh andere Regeln gelten, aber den Zwang zur Zusammenarbeit jetzt auszuschließen, das halte er für lächerlich.

Halt: »Jetzt« hat er nicht allein gesagt. »In diesen Vorkriegszeiten in denen wir leben« hat er gesagt.

Noch Fragen?

Eben alles eine Frage der Perspektive.

03.05.2024

DEUTSCHE FAULHEIT

Sind die Deutschen zu faul? Diese Frage hat, wenn auch indirekt, ein US-amerikanisches Nachrichtenportal aufgeworfen und wenn man den diesjährigen Slogan des DGB zum 1. Mai hört: »mehr Lohn, mehr Freizeit, mehr Sicherheit«, dann klingt der fast schon wie der Beleg für die US-These von der überbordenden deutschen Faulheit.

Man muss sich einmal alte DGB-Forderungen anschauen: Solidarität, Gerechtigkeit, Freiheit – nicht FreiZeit.

»Mehr Arbeit!« Das hat's auch gegeben. Mit Ausrufezeichen! in den 80er- und 90er-Jahren. Gut, damit waren mehr Arbeitsplätze gemeint, weil damals halt das Millionen-Heer der Arbeitslosen definitiv weniger Freizeit wollte – vor allem weniger unfreiwillige Freizeit.

Man könnte ja auch fordern »Den meisten Lohn, nur noch Freizeit und absolute Sicherheit«. Das ist die Forderung der Gewerkschaft der Milliardäre. Und die hat sich durchgesetzt!

Und man muss ja auch einmal sagen, so direkt Faulheit kann man den Deutschen ja nicht attestieren. Schauen Sie sich die Fitnesscenter an. Was sich die Nation dort abschuftet – gewaltig.

Wenn ich morgens bei mir im Park eine Runde drehe, dann bin ich oft der Einzige, der nicht rennt.

Also was Leibesertüchtigung angeht, ist der Deutsche so fleißig wie seit 90 Jahren nicht mehr.

Oder Demos. Da herrscht maximaler Andrang. Egal um was es geht. Neuerdings sogar fürs Kalifat. Bin ich absolut dafür, so lange der Kalif aus dem Hause Wittelsbach kommt.

Der würde uns schon sagen, was wir zu tun und zu lassen haben.

Weil – das ist ja des Entscheidende an der Arbeit:
Die damit verbundene Wertschöpfung.

Wenn der Bauer gut arbeitet, dann gibts gute Kartoffeln. Aber er muss halt hackeln dafür. Und wenn jemand eine gute Software entwickelt, die dem Bauern beim Kartoffelanbau hilft, auch gut.

Aber viele, gerade junge, social-media-affine Leute fragen sich, warum soll ich mir den Stress antun, wenn ich als Influencer einfach mein Leben vermarkten kann?

Ein Bekannter hat mit kürzlich ein Netzfundstück geschickt. Eine Influencerin – aus Südkorea, aber das heißt ja nix –, die verkauft ihre Fürze im Glas. Das mag jetzt unappetitlich klingen, aber es läuft. Weltweit. 270 Euro pro Glas. Und sie sagt, sie kann sich vor Anfragen kaum retten.

Entschuldigung, aber da ist doch jeder blöd, der morgens um sieben in die Arbeit geht, wenn man mit einem Furz im Glas 270 Euro verdienen kann.

Wie gesagt, bisserl unappetitlich, aber vom Ansatz her hochinteressant.

Das sind doch im Grunde die Fachkräfte, die wir in Deutschland brauchen.

Wertschöpfung und Faulheit, das muss kein Widerspruch sein.

Eben alles eine Frage der Perspektive.

10.05.2024

WEHRPFLICHT

Als der CDU-Bundesparteitag diese Woche die schrittweise Wiedereinführung der Wehrpflicht in das Parteiprogramm aufgenommen hat, habe ich an einen Satz denken müssen, der Friedrich Merz zugeschrieben wird:

»Ich bin für ein soziales Pflichtjahr, so lange es freiwillig ist.«

Eine glasklare Position, frei nach Karl Valentin, der auf die Frage, ob ein Freiwilliger im Krieg auch schießen muss, geantwortet hat: »Freiwillig muss er.«

Den freiwilligen Zwang soll die neue Wehrpflicht auch beinhalten.

Alle werden gemustert, aber nach eingehender Befragung werden nur die Geeignetsten eingezogen – je nach Bedarf.

Wie rasant sich so ein Bedarf entwickeln kann, das sieht man in der Ukraine. Da werden jetzt die 25-Jährigen eingezogen, weil 26-Jährige sind nicht mehr so viele da.

Ob das der Polit-Schwiegersohn Daniel Günther aus Schleswig-Holstein gemeint hat, als er am CDU-Parteitag gesagt hat: »Die Wiedereinführung der Wehrpflicht ist ein sichtbares Zeichen an Russland«!?

Falls Kriegsbedarf besteht, unser Heer steht!?

Wahrscheinlicher ist, dass er halt einfach auch was sagen wollte.

So ähnlich wie der JU-Chef Johannes Winkel. Der hat am Parteitag gesagt:

»Wir dürfen die Verteidigung unserer Demokratie nicht dem Prinzip Hoffnung überlassen.«

Da schau her, ein JU-ler, der den Philosophen Ernst Bloch zitiert.

Von dem stammt das Prinzip Hoffnung und er meint damit grob, dass der Mensch, wenn er frei von Demütigung und Entfremdung leben will, sich immer wieder noch nicht ausgeschöpfter Möglichkeiten bewusstwerden und diese realisieren muss.

Die Wehrpflicht ist doch eine solche »noch nicht ausgeschöpfte Möglichkeit«. Andererseits war Ernst Bloch Pazifist. Was wollte uns der JU-Chef sagen?

Markus Söder braucht keine Philosophen, er ist sich selbst Philosoph genug. Die Entscheidung der CDU pro Wehrpflicht hat er begrüßt und gesagt:

»Die Lage erfordert ein anderes Denken.« Im Klartext: Der Russe macht's möglich.

Und der Russe macht ja zurzeit vieles möglich. Die Energiewende, die Aufrüstung. Die ist ja noch viel interessanter als die Wehrpflicht. Man denke an Schiller: »Der beste Kaufmann ist der Krieg, weil er aus Eisen Gold macht.«

Im Grunde müsste man ja dem Russen fast dankbar sein, für das, was er bei uns alles in Bewegung bringt.

Als man 1957 die Wehrpflicht in der Bundesrepublik zum ersten Mal eingeführt hat, da hat man's weniger mit der Angst vor dem Russen begründet, sondern mit der Angst vor der eigenen Armee, genauer gesagt vor einer Berufsarmee als »Staat im Staate«.

Davor braucht man sich heute in Deutschland nicht mehr zu fürchten.

Selbst wenn die Bundeswehr ein Staat im Staate wäre, dann höchstens einer, der hilflos am Tropf unserer Entwicklungshilfe hängt.

Eben alles eine Frage der Perspektive.

Wehrpflicht

17.05.2024

WAHL-O-MAT

Die Europa-Wahl steht vor der Tür. Ganz ehrlich, wäre mir nicht vor ein paar Tagen die »amtliche Wahlbenachrichtigung« ins Haus geflattert, ich hätte es gar nicht so richtig realisiert.

Passt ja auch ganz gut ins Bild. Europäische Demokratie ist etwas, was in der Regel genial an uns vorbeiläuft. Zumeist, bis es zu spät ist.

Erst wenn der Deckel untrennbar an der Plastikflasche hängt oder sich der gefühlt hundertste Papp-Strohhalm im Cola auflöst, dann merken wir: »Öha, sie haben mal wieder was entschieden in Brüssel.«

Dabei wandert immer mehr Souveränität der einzelnen Länder zur Zentrale in der belgischen Hauptstadt.

Aber auch das passiert eher unbemerkt. So direkt gefragt wurden wir da ja bekanntlich nie.

Es gibt ja nicht einmal echte europäische Parteien. Dafür gibts zum Glück den Wahl-o-mat.

Der führt einen mit 38 Fragen direkt zur passenden Wahlentscheidung.

Ich habe natürlich als erstes Mal den Stresstest gemacht. Wenn man alle Frage mit »neutral« beantwortet, kriegt man schnell vom Wahl-o-mat geschimpft:

»Bitte beantworten Sie die Fragen sorgfältig«. Und am Ende sagt er einem dann, dass er leider kein passendes Ergebnis liefern kann.

Mit anderen Worten, »wenn's Ihnen wurscht ist, isses uns auch wurscht«.

Darauf, fürchte ich, kann sich der Wahl-o-mat mit vielen Wahlberechtigten einigen. Stresstest bestanden. Und man muss es ehrlich sagen: »Wurscht« ist neben »ja« oder »nein« immer eine Option. In Bayern zumal.

Gerade, wenn was beinahe religiös überhöht wird, so wie das bei der EU der Fall ist. Da wird ja viel von Werten, Glaube an die Sache und Gemeinschaft geredet und weniger von Korruption, Lobbyismus und Hinterzimmergeschacher. Da geht die bayerische Seele erst einmal in einen gesunden Stand-by-Modus.

Das Haustürgeschäft mit der Zukunft ist des Bayern Sache nicht. Schließlich ist die bayerische Seele eine bäuerliche.

Deshalb würde sich der Bayer auch nicht anmaßen, zu wissen, was für den Portugiesen gut ist oder für den Polen – außer der Manfred Weber, der weiß das.

Schließlich ist die Welt heute so unübersichtlich, dass nur noch Fachleute überhaupt durchblicken.

Und für uns gibt's den Wahl-o-mat. Der sagt uns welche Fachleute die Richtigen sind.

Konsequent wäre es, den Wahl-o-mat direkt mit dem Wahlamt zu verbinden.

Fragen beantworten, Auswahl bestätigen und abschicken. Fertig.

Stopp! Vorher noch die AGBs bestätigen. Ganz wichtig, weil die liest keiner. Da können dann die Parteien alles mögliche reinschreiben und wenn sich die Wähler hinterher beschweren, dann können es die Parteien machen wie der Telefonanbieter und schulterzuckend sagen: »steht so in den AGBs.«

Eben alles eine Frage der Perspektive.

07.06.2024

SONNENCREME-SPENDER

»Wenn die Sonne scheint, scheint die Sonne zu scheinen.« Diesem Spruch kann man wenig entgegensetzen. Und besonders jetzt, wo die Fußball-EM vor der Tür steht und viele auf ein Sommermärchen wie weiland 2006 hoffen.

Aber das ist lange her. Damals hat noch Franz Beckenbauer den deutschen Fußball regiert und – unvergessen – den Leuten empfohlen, Deutschland vom Hubschrauber aus zu betrachten, so wie er, um die ganze Schönheit des Landes zu erkennen.

Das würde sich heute kein DfB-Funktionär mehr trauen. Die Maximalempfehlung wäre heute vermutlich das Lasten-eBike mit angehängter Regenbogenfahne.

So hat auch das Bundesamt für Strahlenschutz – eine Behörde, die einst wegen Tschernobyl gegründet wurde – angekündigt, während der EM in den Austragungsorten kostenlose Sonnencremespender aufzustellen. Begründung – Achtung: »An Eigenverantwortung zu appellieren reicht nicht aus!«

Gute Sache!

Ich finde nur nicht konsequent genug umgesetzt. Ans Thema Eigenverantwortung müssen sie noch mal ran. Es bräuchte doch auch staatliche Zwangseincremer:innen, geschlechtsspezifisch zugeordnet, versteht sich, weil man uns bekanntlich einfach nicht trauen kann. Diese Erfahrung hat der Staat ja während Corona schmerzlich machen müssen.

Da hat es Leute gegeben, die haben im Lockdown auf Parkbänken gesessen und Bücher gelesen. So geht es nicht!

Was glauben Sie, wie viele im Feiertaumel am Bundes-Sonnencreme-Spender einfach vorbei gehen!?

Im Grunde bräuchte es ein Stadionverbot für Uneingecremte. Verhängt von der UEFA.

Die kann das. Es dürfen ja auch nur bestimmte Getränke verkauft werden und gewisse Lieder sind auch verboten. »L'amour toujours« von diesem Gigi d'Agostino zum Beispiel. Wegen der Sylter Sängerknaben.

Was wird wohl passieren, wenn die UEFA erfährt, wer die deutsche Nationalhymne schon alles gesungen hat …

Vielleicht hätte man sich bei »L'amour toujours« doch auch auf die dritte Strophe einigen können.

Aber Kompromisse gefährden die Sicherheit.

Das gilt beim Singen und bei der Sonnencreme.

Schon erstaunlich, wo sich der Staat inzwischen überall einmischt.

»An Eigenverantwortung zu appellieren reicht nicht aus!«

Das darf man durchaus als Drohung lesen. Schließlich leben wir in einer Wertegemeinschaft und wer sich da nicht eincremt, der ist raus.

Eine Fußball-EM im neuen, smarten Deutschland des Jahres 2024 wäre auch ein prima Anlass, über das Spiel grundsätzlich nachzudenken. Schon das Ziel: Sieg. Europameister. Gut, bei der deutschen Mannschaft muss man jetzt nicht so super viel Angst haben, dass es dazu kommt, aber ist das überhaupt noch zeitgemäß?

Wenn alle miteinander spielen würden, vielleicht auch mit mehreren Bällen und Frauen und Kindern und auch nicht nur mit den Füßen, von wegen Fußball. So lange alle eingecremt sind …

Eben alles eine Frage der Perspektive.

21.06.2024

MCDONALD'S KI

McDonald's, jene Burger-Kette, die es schon länger gibt als das Wort »Burger-Kette«, und bei der nach eigenem Bekenntnis auch unser Ministerpräsident gerne mal seinen Heißhunger stillt, will zukünftig im Service KI einsetzen.

Erste Versuche in den USA sollen zwar noch nicht so richtig gut gelaufen sein, die KI bestellte für einen Kunden 2100 Chicken McNuggets, weil sie sich nicht mehr stoppen ließ oder Eisbecher mit Bacon-Auflage. Aber das wird. Eh klar.

Eis mit Bacon könnte ja schon fast als neuer surf-and-turf-Kitchen-Hype durchgehen.

Dass uns Unternehmen die Arbeit ihres einstigen Personals rüberschieben um Gewinne zu optimieren, sei es beim online-Banking, in der Ticket-App oder an der SB-Kasse im Supermarkt, daran haben wir uns ja längst gewöhnt.

Aber dass das Personal jetzt als Avatar zurückkommt, das ist doch neu.

Gut, man muss zugeben: Das, was im Service-Bereich, sei es Hotel, Gastro oder Handel seit einigen Jahren echte Menschen an künstlich antrainierter Kommunikation betreiben, das hat eh schon was Maschinelles. Sacharinsüße Freundlichkeitsmaschinen mit privatwirtschaftlichem Lächeln zum Einschalten.

»Hallo! Was kann ich für Dich tun?«, »Tut mir leid, nur wie sie's hier sehen«, »sehr, sehr gerne«, »vielen lieben Dank«, »Viel Spaß damit!«.

Als ich vor einigen Monaten in einem Tour-Hotel vor 15 Uhr einchecken wollte, grinste mir die Empfangsperson – so will ich sie nennen – ins Gesicht und sagte »Sorry, Check-in erst ab 15 Uhr möglich.«

Ein Gespräch darüber war nicht führbar. Sie wiederholte einfach nur den Satz. Wohl gemerkt, kein Avatar.

Als das ihre Chefin mitbekam und sagte, ein früherer Check-in ginge in Ordnung, schaltete sie plötzlich um und sagte im gleichen Tonfall:

»Herzlich willkommen in unserem Hause, hatten Sie eine gute Anreise, was kann ich für Sie tun?«

Auch wenn in diesem Fall künstliche Intelligenz natürlicher Dummheit womöglich überlegen gewesen wäre, frage ich mich: Merken solche Leute nicht, dass sie tagtäglich an ihrer eigenen Überflüssigkeit arbeiten.

Solche Kommunikation schafft der Algorithmus locker.

Ob das so gemeint ist mit dieser KI? Dass die Menschen sich den Maschinen anpassen sollen?

Gruselige Vorstellung, aber nachdem die KI ja letztlich nur eine Plagiatssoftware ist, die menschliches Wissen neu zusammensetzt, wird's wohl auch umgekehrt laufen.

Immerhin stand auf dem Kassenzettel der Apotheke neulich: »Bleiben Sie bitte gesund«.

Netter Wunsch – aber wer kommt noch in die Apotheke, wenn alle gesund bleiben?

Wenn die KI nicht mehr weiterweiß, dann stürzt sie übrigens gerne mal ab.

Ob sie das von uns gelernt hat?

Eben alles eine Frage der Perspektive.

28.06.2024

SIEBENSCHLÄFER

Diese Woche war's mal wieder so weit. Siebenschläfer. Sie wissen ja: »Ist der Siebenschläfer nass, regnet's ohne Unterlass.« Und »Scheint am Siebenschläfer Sonne, gibt es sieben Wochen Wonne«. Meistens gibt's ja beides an dem Tag: Regen und Sonne.

Viel interessanter ist die Herkunft des Namens »Siebenschläfer«.

Sieben junge Christen waren es, die der Legende nach zurzeit der Christenverfolgung lebendig in einer Höhle eingemauert worden sind. Dort sind sie nicht gestorben, sondern haben 195 Jahre geschlafen, bis sie am 27. Juni 446 zufällig entdeckt und freigelassen wurden.

Dann sind sie gestorben, wobei sie vorher natürlich noch ihren Glauben bezeugt haben.

Angesichts des dampfigen Wetters der letzten Tage sagen jetzt vermutlich viele: »195 Jahre schlafen, das könnte ich im Moment auch!«. Das macht vielleicht in der Vorstellung selig, aber nicht im Glauben heilig.

Es sind unglaubliche Geschichten, die die menschliche Vorstellungskraft sprengen und dadurch zu Mythen werden.

So wie die vom heiligen Dionysos von Paris, der nach seiner Enthauptung angeblich seinen Kopf genommen, ihn gewaschen und unter den Arm geklemmt hat. Und damit ist er dann noch sechs Kilometer weit gelaufen.

Das sind Leistungen, davon können die Olympioniken in Paris demnächst nicht einmal träumen. Die dürfen ja wahrscheinlich nicht einmal in der Seine schwimmen, weil es die Gesundheit gefährden könnte. Was soll da der heilige Dionysos sagen!?

Menschen brechen Mythen eben gerne runter. Auf ein Niveau, dem der Normalsterbliche gewachsen scheint.

Im Leistungssport auf Doping und an Siebenschläfer auf ein rattenähnliches Nagetier, das 60% seines Lebens verschläft. Dieser Siebenschläfer ist uns wesentlich geheuerer. Und dann bringt man's noch mit dem Alltäglichsten überhaupt in Verbindung, mit dem Wetter, und schon ist der Mythos auf menschliches Maß zurechtgestutzt und beherrschbar.

So ist das im Übrigen auch mit modernen Mythen, zum Beispiel der Digitalisierung. Die wird uns ja auch als Erlösungsmythos von allem Alten, Trägen und Rückständigen erzählt.

In Bayern bekommen jetzt alle Schüler ab der 5. Klasse Tablets, mit denen sie sich dann digital durch die gleichen mit Altlasten vermüllten Lehrpläne wurschteln dürfen wie eh und je.

Abgesehen davon, dass die Tablets die Schüler ihre gesamte Schulzeit begleiten sollen – sie also beim Abi dann mit einem neun Jahre alten Gerät arbeiten, haha, kostet ein iPad mit Tastatur und Stift locker 700 Euro, wovon der Staat aber nur 350 übernimmt.

Nicht nur digital, sondern auch mega-sozial.

Und das soll dann die Verheißung sein, der Mausklick in die Zukunft. Die Maus ist übrigens auch ein Nagetier, wie der Siebenschläfer.

Zufälle gibt's ...

Eben alles eine Frage der Perspektive.

05.07.2024

MARKUS, DER INFLUENCER

Die Europa-Wahl ist jetzt knapp vier Wochen her. Während die Ampel-Parteien angesichts miserabler Ergebnisse noch immer ihre Wunden lecken, ist der Markus Söder längst zur Tagesordnung zurückgekehrt. Weil er sich denkt, 39,7% für die CSU in Bayer, das sind 50 plus x, wenn x mindestens minus 10,3 ist.

Basta.

Außerdem beschäftigen den Markus inzwischen längst andere Dinge.

Nach seinem Auftritt als Franken-Freddy-Quinn in der ARD-Show »Inas Nacht« ist ihm gelungen, worauf er mit konsequentem Food-Porn seit Jahren hin arbeitet. Er hat auf Instagram die 500 000-Follower-Marke geknackt und marschiert inzwischen stramm auf die 600 000 zu.

Döner-, Burger- und Bratwurstessen hat sich gelohnt. Und wenn er, wie kürzlich geschehen, auf social media einen Teller mit von ihm abgenagten Spare-Ribs-Knochen postet, dann deutet er damit womöglich bereits eine zukünftige Reliquien-Verehrung seiner Person an. Der erste protestantische Heilige der Kirchengeschichte.

Ein Hund ist er ja schon, der Markus. Während die Medien noch immer nach einem unionsinternem Kanzlerkandidaten-Duell 2025 Söder-Merz lechzen, bastelt der Markus fleißig an seiner Influencer-Karriere.

Das mit der Million Follower kann jetzt schnell gehen und dann zündet der Turbo. Da ist ein Staatsamt dann ein lästiges Anhängsel, weil es die Kommerzialisierung des Instagram-Auftritts blockiert.

Da gibt es Influencer, die verdienen mit bezahlten Werbepartnerschaften das Vielfache eines Ministerpräsidenten.

Und der Söder hat ja viele Angebote gemacht. McDonald's, Südfleisch, Lego, der DFB, die Bundeswehr, da gäbe es Werbepartner wie Sand am Meer.

Am Flughafen soll er auch schon mit Anzug und Crocs gesichtet worden sein. Hab ich gehört. Wer weiß, vielleicht gibt er die nächste Regierungserklärung im Landtag in Bermuda-Shorts und Flip-Flops ab. Thema: »Warum leckt sich der Hund die Eier? Weil er's kann.«

Im Grunde ist der Söder auf dem Weg zu einer literarischen Figur. Der Charlie aus den Münchner G'schichten ist als Cowboy durchs Siegestor geritten. Wer weiß, was dem Söder einfällt!?

Visconti ist lange tot, Helmut Berger inzwischen auch.

Und gerade deswegen: Eine Neuverfilmung von Ludwig II., nicht in Schwarz-Weiß, in Blau-Weiß. Markus I., vom Burger-King zum Spareribs-König. Der am Ende von Friedrich Merz und seinen Schergen in der Staatskanzlei in München gefangen gesetzt wird.

Oder so ein leicht psychedelisches Roadmovie, wo es immer krasser kommt, als man vermutet.

Oder halt gleich Quentin Tarantino als Regisseur. »Markus unchained«.

Wenn der Söder erst einmal eine Million Follower hat, dann ist alles möglich. Wer braucht Wähler, wenn er Fans haben kann?

Eben alles eine Frage der Perspektive.

12.07.2024

STAATSGESCHENKE

Fast alle kennen das Problem: Was tun mit Geschenken, für die man beim besten Willen keine Verwendung hat? Weiterschenken. Gut, das geht immer. Soll doch der Nächste schauen, was er damit anfangen kann. Oder halt der Übernächste.

Ab einem gewissen Wert schaut die Sache mit dem Weiterschenken freilich anders aus.

Das hat sich womöglich auch der ehemalige brasilianische Präsident Bolsonaro gedacht, als er erhaltene Uhren- und Diamant-besetzte Schmuck-Geschenke verkauft hat.

Der Haken an der Sache, es handelte sich bei dem verhökerten Geschmeide um Staatsgeschenke aus seiner Amtszeit.

Das sorgt im moralisch aufgepumpten Deutschland für erwartbare Empörung.

In Brasilien sollen sich hingegen viele fragen:

Warum verkauft er JETZT?

Wo der Preis für Diamanten tendenziell mau ist? Eine Kurzschlusshandlung vielleicht?

Ich tippe auf Gier. Und 1,1 Millionen Dollar soll ihm der Panikverkauf ja immerhin eingebracht haben.

Das ist schon ganz was anderes wie die 75 Euro, die ein Auktionshaus vor einiger Zeit für die Versteigerung eines Geschenkes an die Bundesrepublik Deutschland erzielte:

Es handelte sich um einen aus drei Wagen bestehenden Modellbahn-ICE. Den hätte Bolsonaro wahrscheinlich als Geschenk gar nicht erst angenommen.

Überhaupt, wenn man denkt, was früher unter Staatsoberhäuptern für Geschenke gemacht wurden.

Da, wenn einer den anderen in einem Krieg besonders wacker unterstützt hat, da hat sich der nicht mit einer dreiteiligen

Modellburg abspeisen lassen. Der wollte schon ein Lehen oder eine Pfalz. Und die hat er auch gekriegt – und privat genutzt.

Schauen Sie: Als König Pippin III. im achten Jahrhundert auf Bitte von Papst Stephan II. die Langobarden aus Mittelitalien vertrieben hat und dafür vom Papst gesalbt wurde, war er hinwiederum so dankbar, dass er dem Papst ganz Mittelitalien geschenkt hat, woraus der dann den Kirchenstaat gemacht hat.

Vorausgegangen war die Konstantinische Schenkung im vierten Jahrhundert, die den weltlichen Machtanspruch der Päpste überhaupt erst begründet hat.

Da hat der Papst den Kaiser Konstantin durch ein Taufbad vom Aussatz geheilt und als Dank hat der Kaiser Konstantin dem Papst eine Urkunde überreicht, in der drinsteht, dass der Papst der Chef über alle anderen Kirchen und Italien und überhaupt ist.

Das waren Geschenke, da kann doch ein Bolsonaro nur träumen davon.

Zumal sowohl die Pippinsche wie die Konstantinische Schenkung heute als Fälschungen bewertet werden.

Gut, womöglich waren die Diamanten vom Bolsonaro auch gefälscht und er wollte sie schnell loswerden, bevor es auffliegt.

Mein Opa hat schon gewusst, was er tut, wenn er an meinem Geburtstag immer gesagt hat, »Bua, ich schenk' Dir ein Geld, dann kannst Dir kaufen was d' willst.«

Eben alles eine Frage der Perspektive.

Das berühmte Philosophiebuch für Neugierige und Einsteiger

Dieser Klassiker hat unzählige Menschen für Philosophie begeistert: Ohne schweres akademisches Gepäck, leicht lesbar, anekdotenreich und humorvoll stellt Wilhelm Weischedel das Leben und Denken der großen Philosophen vor. 34 unterhaltsame Essays präsentieren Personen, Schrullen und große Ideen von der Antike bis zur Moderne — von Thales, Platon und Aristoteles bis zu Heidegger, Russell und Wittgenstein.

Wilhelm Weischedel
DIE PHILOSOPHISCHE HINTERTREPPE
416 Seiten · ISBN 978-3-7844-3688-3

LANGENMÜLLER
langenmueller.de

Ephraim Kishon
Biographie

Ausgehend von Kishons autobiographischen Berichten, den Erinnerungen von Zeitzeugen und Weggefährten sowie mit Hilfe von Presseartikeln und zahlreichen unveröffentlichten Archivquellen wird Kishons Erfolgsgeschichte dargelegt, im Spannungsfeld von Literatur, Humor und Politik. 15 szenische Kapitel behandeln die Grundfragen, um die sich Kishons Leben drehte.

Silja Behre
EPHRAIM KISHON
416 Seiten · ISBN 978-3-7844-3716-3

LANGENMÜLLER
langenmueller.de

»Kafka war Prag und Prag war Kafka.«

„Johannes Urzidil entführt uns in Kafkas jüdisches, deutsches, tschechisches Prag der 1920er Jahre und schildert anschaulich die dichte schöpferische und intellektuelle Lebendigkeit, in der sich die Größen aus Literatur und Kunst dieser Epoche bewegten.

Johannes Urzidil
DA GEHT KAFKA
232 Seiten · ISBN 978-3-7844-3565-7

LANGENMÜLLER

langenmueller.de